ORAÇÃO
RESPIRAÇÃO DA VIDA

Peregrinos na esperança

Frei Luiz Turra

ORAÇÃO
RESPIRAÇÃO DA VIDA
Peregrinos na esperança

Dados Internacionais de Catalogação na Publicação (CIP)
Angélica Ilacqua CRB-8/7057

Turra, Luiz
   Oração : respiração da vida : peregrinos na esperança / Frei Luiz Turra. - São Paulo : Paulinas, 2024.
   120 p. (Ensina-nos a rezar)

   ISBN 978-65-5808-280-4

   1. Oração 2. Vida cristã I. Título

24-2111   CDD 291.43

Índice para catálogo sistemático:
1. Oração

Direção-geral:	*Ágda França*
Editores responsáveis:	*Maria Goretti de Oliveira*
	Antonio Francisco Lelo
Copidesque:	*Mônica Elaine G. S. da Costa*
Coordenação de revisão:	*Marina Mendonça*
Revisão:	*Ana Cecilia Mari*
Gerente de produção:	*Felício Calegaro Neto*
Produção de arte:	*Elaine Alves*

Nenhuma parte desta obra poderá ser reproduzida ou transmitida por qualquer forma e/ou quaisquer meios (eletrônico ou mecânico, incluindo fotocópia e gravação) ou arquivada em qualquer sistema ou banco de dados sem permissão escrita da Editora. Direitos reservados.

Cadastre-se e receba nossas informações
paulinas.com.br
Telemarketing e SAC: 0800-7010081

Paulinas
Rua Dona Inácia Uchoa, 62
04110-020 – São Paulo – SP (Brasil)
📞 (11) 2125-3500
✉ editora@paulinas.com.br

© Pia Sociedade Filhas de São Paulo – São Paulo, 2024

Sumário

Apresentação 11

Introdução 13

I. A Bíblia nos inspira 15
    Comunicação-oração: necessidade da vida para a vida 15
    Salmos: escola de oração e humanidade 16
    Jesus e o novo da oração 18
    Lucas, atento ao ensino de Jesus sobre a oração 19
    "Senhor, ensina-nos a orar" (Lc 11,1b) 20
    Maria, mestra de oração 25
    Paulo Apóstolo e a importância da oração 27

II. Testemunhas de oração e vida 31
    Santo Agostinho de Hipona (13/11/354 a 28/08/430) 32
    São Bento de Núrsia (2/03/480 a 21/03/547) 34
    São Francisco de Assis (5/07/1182 a 3/10/1226) 35
    Santa Clara de Assis (16/07/1194 a 11/08/1253) 37
    Santo Antônio de Pádua, oração e ação
    (15/08/1195 a 13/06/1231) 39

Santa Teresa D'Ávila, mestra da oração
(28/03/1515 a 4/10/1582) 40

Charles de Foucauld, o irmão universal
(15/12/1858 a 1/12/1916) 43

Gandhi, um profeta diferente (1869 a 1948) 46

Tiago Alberione (4/04/1884 a 26/11/1971) 47

São Pio de Pietrelcina (25/05/1887 a 23/09/1968) 49

Dietrich Bonhoeffer (4/02/1906 a 6/04/1945) 51

Dom Helder Camara (7/02/1909 a 27/08/1999) 53

Santa Teresa de Calcutá (26/08/1910 a 5/09/1997) 54

Santa Dulce dos Pobres (26/05/1941 a 13/03/1992) 56

III. Oração: o que dizem os Papas mais recentes 61

João XXIII – Papa no período de 28/10/1958
a 3/06/1963 61

Paulo VI – Papa no período de 21/06/1963
a 7/08/1978 63

João Paulo I – Papa no período de 26/08/1978
a 28/09/1978 64

João Paulo II – Papa no período de 16/10/1978
a 2/04/2005 65

Bento XVI – Papa no período de 24/04/2005
a 28/02/2013 67

Francisco – Papa desde 13/03/2013 68

IV. Orações ao alcance de todos 73

Mistérios do Rosário 73

Angelus 75

Pai-Nosso 75

Ave-Maria 75

Glória 76

Creio 76

Salve-Rainha 76

Ato de contrição 77

Ato de contrição 77

Ato de contrição 77

Tarde te amei (Santo Agostinho) 77

Oração para as horas difíceis (Santo Agostinho) 78

Oração de proteção contra o inimigo (São Bento) 78

Oração para encontrar paz e serenidade (São Bento) 78

Oração de São Francisco de Assis 79

Oração pela paz (São Francisco de Assis) 79

Cântico das criaturas (São Francisco de Assis) 80

Bênção de Santa Clara 80

Oração para abrir caminhos (Santa Clara) 80

Oração de Santo Antônio 81

Oração de Santo Antônio 81

Responsório (Santo Antônio) 82

Oração a Santo Antônio para os namorados 82

Oração a Santo Antônio para alcançar uma graça 83

Nada te perturbe (Santa Teresa D'Ávila) 83

Oração agradecendo a liberdade (Santa Teresa D'Ávila) 83

Oração do abandono (Charles de Foucauld) 84

Oração do comunicador (Tiago Alberione) 84
Oração pedindo saúde (Tiago Alberione) 85
Quando rezava por alguém (São Pio de Pietrelcina) 85
Fica comigo, Senhor! (São Pio de Pietrelcina) 86
Oração a São Pio de Pietrelcina (São João Paulo II) 86
Oração de intercessão a São Pio de Pietrelcina 87
Quem sou eu? (Dietrich Bonhoeffer) 87
Oração diante de uma dificuldade especial
(Dietrich Bonhoeffer) 88
Oração a Dom Helder Camara, pedindo graças 88
Missão é partir (Dom Helder) 89
Quando não sente a presença de Deus
(Santa Teresa de Calcutá) 89
Oração da solidariedade cristã (Santa Teresa de Calcutá) 90
Oração a Santa Dulce dos Pobres 90
Oração ao Menino Jesus (João XXIII) 91
Oração na abertura do Concílio Vaticano II (João XXIII) 91
Oração ao Espírito Santo (Paulo VI) 92
Oração vocacional (Paulo VI) 92
Oração para pedir chuva (Paulo VI) 92
Oração da paz (Paulo VI) 93
Oração pedindo fé (Paulo VI) 94
Oração a Cristo (Paulo VI) 94
Oração de maravilhamento diante de Deus
(João Paulo I) 95
Oração a São Francisco (João Paulo II) 96

 Consagração ao Imaculado Coração de Maria
(João Paulo II) 96
 Oração a Nossa Senhora Aparecida (João Paulo II).......... 97
 Caminha conosco (Bento XVI)... 97
 Oração pela família (Bento XVI)....................................... 98
 Oração por uma Igreja viva (Bento XVI)......................... 98
 Oração pela nossa terra (Papa Francisco) 99
 Oração cristã com a criação (Papa Francisco) 99
 Oração para começar bem o dia 100
 Oração pela comunidade... 101

Modos diversos de orar 103

Suportes e métodos de oração 109

Conclusão
Peregrinos na esperança... 111

Anexo
Partituras das três parábolas de Lucas sobre a oração.......113

Apresentação

Os momentos oportunos da vida pessoal e da vida da Igreja não nos podem deixar indiferentes. São momentos de graça, mas também de provocação! As boas provocações nos desafiam a positivas reações e a iniciativas de criatividade. Tempos especiais não chegam para nos acomodar nem para nos fechar apenas no momento; são tempos de graça e de bênção que podem acordar-nos para um novo caminho, diante de novos horizontes, *como peregrinos na esperança*.

No momento presente, os sinais dos tempos nos chamam a intensificar a oração, como expressão mais condizente da fé, pois é na fé que vamos situando a responsabilidade, a dor, o júbilo e a esperança de nossa hora e das horas futuras. Somos chamados a ser fiéis a Jesus Cristo, agora e amanhã. O recurso da oração, do qual podemos dispor, é a respiração da fé e sua expressão mais adequada para peregrinar na esperança, tantas vezes seguros, e sem ter segurança, como Abraão.

"Em nossos dias, sente-se cada vez mais a necessidade de uma verdadeira espiritualidade, capaz de responder às grandes interpelações que surgem todos os dias em nossa vida, provocadas também por um cenário mundial, que certamente não é sereno" (Papa Francisco). O clima pesado de nosso tempo, somado às mensagens fundamentalistas e catastróficas que circulam, veiculadas até por pessoas que se consideram religiosas, clama por um respirar de vida e esperança. Com os Apóstolos, pedimos ansiosos, hoje: "Senhor, ensina-nos a rezar!" (Lc 11,1).

Sem nenhuma pretensão de êxito literário nem teológico, tampouco ideológico, procurei dedicar tempo e cuidado para oportunizar um subsídio pastoral às pessoas simples e abertas de coração e, também, a grupos que desejam ampliar sua visão e suas motivações relacionadas à *oração*. Pode-se não concordar com tudo o que está dito; pode-se achar insuficiente o que está escrito para nos convencer da importância da oração; pode-se até negar o valor da oração, achando que é uma atividade irrelevante, ou inútil. Contudo, se este livro nos deixar inquietos, certamente já alcançou o seu objetivo.

Agradeçamos a Deus por ele dialogar sempre conosco; a seu Filho Jesus, que nos ensinou a rezar; e a Maria, mestra da oração. Agradeçamos também o dom das Escrituras Sagradas e o testemunho de tantos homens e mulheres que nos ensinaram a integrar oração e vida. Agradeço ainda o apoio dos leigos das paróquias: Santo Antônio do Partenon e Jesus Divino Mestre; à Irmã Mônica de Azevedo, ministra provincial das Irmãs Franciscanas da Penitência e Caridade Cristã; à Irmã Eliane De Prá, Paulina; a Iracy Ferreira dos Santos Junior, doutoranda em Filosofia; e a Rogério Echevengua, pelo apoio, pelas contribuições e pela organização das pesquisas.

Deus seja bendito se este subsídio puder nos ajudar a viver, a orar e a nos manter em sintonia de amor nas mais diversas relações de cada dia!

Frei Luiz S. Turra
Capuchinho-RS

Introdução

Vivendo e acompanhando, como frei franciscano capuchinho, a história da Igreja Católica na preparação, no acontecer e na caminhada pós-Concílio Vaticano II, confirmo o inquietante e salutar movimento desencadeado pela ação do Espírito Santo, com a mediação de tantos homens e mulheres que colaboraram e colaboram nesse processo de renovação da Igreja, começado por São João XXIII.

Dentre os tantos teólogos luminares do tempo do Concílio Vaticano II, lembramos Karl Rahner, personalidade teológica das mais ricas, vigorosas e originais que o século XX conheceu. Despontando não só como corajoso renovador, mas também como homem da Tradição, profundamente fiel à Igreja, cito o seu nome para lembrar a célebre frase que continua ressoando em nosso tempo como uma forte provocação: "O homem do futuro, ou será um místico, ou deixará de ser cristão".

Impactado por esta citação, andei à procura dela em seus escritos, para certificar-me do texto e do contexto em que afirmou isso. Encontrei-os no livro *Teologia e Antropologia*, publicado por Edições Paulinas, em 1969, no capítulo que trata da "piedade, ontem e hoje". Rahner afirma: "O piedoso de amanhã será um 'místico', alguém que já experimentou algo, ou não será nada, porque a piedade de amanhã não estará sustentada por uma convicção pública, unânime e evidente [...] nem por um costume religioso geral".

No contexto geral desse capítulo: "Piedade, ontem e hoje", Rahner deixa claro que o místico deve estar sempre inquieto com o "novo", mas também ser capaz de integrar todas as experiências de vida e piedade cristãs do passado. A mística não é uma elaboração de um momento, mas uma experiência que integra e valoriza os modos de orar e as devoções do passado, os avanços do presente, e que se abre para as contribuições do futuro. Essa mistagogia cristã deve saber como nela entra Jesus de Nazaré, o Cristo crucificado e ressuscitado. Rahner insiste que, nessa relação com Deus, a teologia deve ajudar a elaborar um novo conceito e uma prática correspondente da oração.

É baseado nesse sábio conselho de Rahner que este subsídio pastoral, *Oração: respiração da vida*, aborda a oração, lembrando e tornando presente a inspiração bíblica, as testemunhas de vida e oração, com suas mensagens, as iluminações do Magistério da Igreja e a contribuição de preces que permanecem disponíveis para nós como patrimônio orante. Além destes temas, desenvolvidos ao longo dos capítulos, também é importante lembrar alguns modos diversos de orar, bem como suportes e métodos de oração.

As testemunhas de oração e vida não apenas falam da importância da oração na vida, mas também nos deixam preces elaboradas a partir de suas experiências pessoais, que brotaram de uma profunda comunhão com Deus dentro das realidades vividas. O capítulo IV nos oferece um pouco dessa herança, tão válida para seu tempo quanto para nossos dias. Aqui, na introdução, fica registrado o convite a situar, conhecer e fazer nossas essas orações já provadas em sua eficácia.

Este subsídio, que olha o passado, o presente e o futuro, quer ser uma ajuda para podermos peregrinar na esperança.

I
A Bíblia nos inspira

COMUNICAÇÃO-ORAÇÃO: NECESSIDADE DA VIDA PARA A VIDA

Não existe vida sem amor! Não existe amor sem comunicação! Não existe comunicação sem vínculo de relação e diálogo. A oração é relação dialogal que vai e que vem de Deus, que é amor criador da pessoa que é amada e do povo em busca de vida. A Bíblia é a história de Deus na história dos humanos. Com sabedoria, o Pe. Zezinho, em uma de suas significativas canções, proclamou: "Toda a Bíblia é comunicação de um Deus amor, de um Deus irmão. É feliz quem crê na revelação, quem tem Deus no coração!".

Fechamento, ilusória liberdade, autorreferencialidade, monólogo e imanentismo tornam a vida e a convivência um projeto que vai gerando uma cultura sufocante de morte. Quando se viram as costas ao "Todo Outro" e aos outros, o pecado torna-nos incomunicáveis, aprisionados em uma existência sem sentido e sufocante. Quando se perde o sentido da própria vida, perde-se a razão de respeitar-se e respeitar os outros. Em consequência, desajustam-se todas as relações na casa comum. Nos primeiros onze capítulos do Gênesis, narram-se as consequências dessa aventura humana, que *não é* estranha também em nossos dias.

Entretanto, Deus não desiste de se comunicar, porque "Deus é amor" (Jo 4,8). Deus continua revelando-se. Apesar de o homem se esconder da face de Deus, ou andar em busca de *ídolos*, o Deus vivo e verdadeiro chama incansavelmente cada pessoa a encontrar-se na oração. Ele dá o primeiro passo. O passo do homem *é* sempre uma resposta. A oração surge como um apelo recíproco, uma aliança que se confirma em toda a história da salvação. A revelação divina *não é* um solilóquio fechado num horizonte de poder, mas *é* um diálogo, e um diálogo de amor, que espera a resposta, livre, consciente e responsável, dos humanos. "No passado, muitas vezes e de muitas formas, Deus falou a nossos pais, pelos profetas" (Hb 1,1).

SALMOS: ESCOLA DE ORAÇÃO E HUMANIDADE

O Cardeal Gianfranco Ravasi afirma: "Os Salmos são palavras de Deus em palavras de homens e mulheres, da humanidade concreta com todos os seus sentimentos, fadigas, perguntas e buscas de sentido para salvar a vida. Nos Salmos, fala-se a um 'tu' que às vezes parece fazer silêncio, mas, de cujo amor, de cuja presença, de cuja misericórdia, permanecemos firmemente convencidos".

Na história da tradição judaica e também na tradição cristã, o Saltério sempre foi o exemplar da vida de oração. É o terceiro livro mais amplo de toda a Bíblia Hebraica, depois dos textos do Gênesis e de Jeremias. Nos escritos de Santo Agostinho, das 60 mil citações bíblicas, 11.500 são citações dos Salmos.

Os Salmos são a oração do povo de Israel ao longo de sua história. Desde sua infância até o grito ofegante ao Pai, na cruz,

Cristo orou com os Salmos de seu povo. Nesses cânticos espelha-se a realidade humana, tanto dos monges e contemplativos como de judeus ou cristãos, mas também de todo homem e mulher de qualquer credo, e até mesmo de descrentes.

Rezar os Salmos é uma graça que brota de um diálogo aberto pelo próprio Deus. "Assim como a criança aprende a falar enquanto o pai lhe fala, do mesmo modo aprendemos a falar com Deus, porque Deus nos falou e nos fala [...]. Se a Bíblia contém também um livro de orações, isto nos ensina que a Palavra de Deus não é só aquela que Deus nos diz, mas também aquela que ele quer ouvir de nós, como palavra do Filho, que ele ama" (Dietrich Bonhoeffer).

O Papa Francisco, em sua catequese de 14 de outubro de 2020, fala a respeito dos Salmos: "Não é preciso maquiar a alma para rezar". Os Salmos nos ensinam a expor-nos ao Senhor "como somos, com as coisas boas e também com as más que ninguém conhece, mas que, por dentro, nós as conhecemos. Nos Salmos, ouvimos as vozes de orantes de carne e osso, cuja vida, como a de todos, está repleta de problemas, dificuldades e incertezas".

"O objetivo da oração dos Salmos é a comunhão com o Deus da revelação e a acolhida do seu Reino messiânico. É a mesma meta a que nos conduz o Novo Testamento; é o mesmo fôlego que sustenta o Pai-Nosso, considerado como síntese do Saltério. O mais importante é começar de novo, com fidelidade e amor, a rezar os Salmos, em nome de Nosso Senhor Jesus Cristo" (Gianfranco Ravasi).

JESUS E O NOVO DA ORAÇÃO

O *Catecismo da Igreja Católica*, no artigo n. 2, dedicado à oração cristã, nos confirma que o mistério da oração nos foi revelado no "Verbo que se fez carne e habitou entre nós". Em Cristo, Deus e Homem verdadeiro, acontece o encontro da plena comunhão, em quem a oração se torna verdadeiro diálogo de amor.

Jesus aprendeu a orar conforme seu coração de Homem; e isso aconteceu em sua convivência familiar. Desde o batismo, junto ao povo, ele estava em oração penitencial, "no turbilhão da vida e do mundo que chegara a condená-lo, até nas experiências mais duras e tristes que deverá suportar, inclusive quando experimenta que não tem onde reclinar a cabeça, até quando o ódio e a perseguição se desencadeiam à sua volta, Jesus nunca está sem o amparo de uma morada: habita eternamente no Pai" (Papa Francisco). Somos chamados a contemplá-lo na oração; ouvir como ele nos ensina a rezar, para conhecer como atende a nossa prece.

- *Jesus em oração*: em seu ministério, nos momentos decisivos: antes de o Pai apresentá-lo no batismo e na Transfiguração, Jesus está em oração. Antes de escolher os Apóstolos, Jesus ora ao Pai. Tantas vezes se retira na solidão para orar, de preferência à noite, e daí também manifesta sua compaixão pelo povo sofrido. Exalta o Pai por revelar seus segredos aos simples e pequeninos e por ouvi-lo sempre. No capítulo 17 de São João, na oração sacerdotal, Jesus presta contas ao Pai sobre a obra que realizou e deixa claro que formou discípulos, pedindo por sua unidade no amor. Na hora decisiva, Jesus faz a entrega total de sua vontade humana à vontade amorosa do Pai: *"Abba* [...] que seja feita não a minha vontade, mas a tua!" (Lc 22,42). Todas as palavras na cruz formam uma oração de amor incondicional ao projeto do Pai e à humanidade.

- *Jesus ensina a orar*: com humana e divina pedagogia, Jesus parte daquilo que as multidões sabem sobre oração, conforme a Antiga Aliança, e lhes indica a novidade do Reino. Não há oração verdadeira sem amor, até mesmo aos inimigos e perdão aos irmãos (cf. Mt 5,23-24). É preciso orar ao Pai "em segredo" (Mt 6,6); não multiplicar palavras (cf. Mt 6,7). Não basta dizer: "Senhor, Senhor!..", é preciso fazer a vontade do Pai (cf. Mt 7,21). Na verdade, a oração do Pai-Nosso é a síntese de tudo o que Jesus ensinou a rezar.

- *Jesus ouve a oração*: Jesus, que ora ao Pai, também escuta o clamor de seus irmãos e tem compaixão por eles. Ouve a voz do leproso (Mc 1,40-41); atende ao pedido de Jairo (Mc 5,36); dá atenção à mulher cananeia que se prostra diante dele, clamando libertação para a filha (Mc 7,29); garante a salvação ao bom ladrão arrependido (Mc 23,39-43); cura a mulher que sofria de hemorragia (Mc 5,28-81); emociona-se com as lágrimas e o perfume da pecadora (Mc 7,37-38); ouve e atende ao grito dos cegos (Mt 9,27). Em toda resposta de cura e salvação, Jesus afirma: "Vai em paz, tua fé te salvou!".

LUCAS, ATENTO AO ENSINO DE JESUS SOBRE A ORAÇÃO

"Lucas, o médico amado" (Cl 4,14), também se destaca dos demais evangelistas por apresentar Jesus continuamente em oração e Mestre de oração. Aos 12 anos, Jesus vai ao Templo (Lc 2,46-50).

"Quando Jesus – também batizado – estava orando [...] veio uma voz do céu: 'Tu és meu Filho amado'" (Lc 3,21b-22). Ele passa 40 dias em oração para iniciar sua missão, e uma noite toda, antes da escolha dos Apóstolos (Lc 6,12-13). Em muitos momentos de sua vida é apresentado rezando para contagiar e motivar os discípulos e discípulas a orar (cf. Lc 11,1).

Lucas escreve para uma comunidade formada por pessoas vindas do paganismo, que não tinham a prática da oração. Além disso, o contexto de perseguição dos cristãos e de pequenas comunidades perseguidas pelos imperadores necessitava cultivar a determinação da fé, firmada na confiança em Deus, na perseverança, na coragem e nos clamores da oração. Lucas apresenta Jesus como Mestre que ensina a clamar a Deus noite e dia, sem desistir de sua fé.

"SENHOR, ENSINA-NOS A ORAR" (LC 11,1B)

As práticas e o modo de rezar dos seguidores de João Batista faziam com que eles se distinguissem de outros grupos entre os judeus da época. Diante do manifesto desejo dos discípulos de Jesus para que também os ensinasse a rezar, ele parte de sua experiência e os ensina. "Quando orardes, dizei: Pai, santificado seja o teu nome; venha o teu Reino; dá-nos, cada dia, nosso pão cotidiano; perdoa nossos pecados, pois também nós perdoamos a todo aquele que nos deve; e não nos deixes sucumbir à tentação" (Lc 11,2-4).

Ao ensinar o Pai-Nosso, Jesus mostra a seus discípulos que a vida humana não é uma aventura povoada de orfandade. Temos um Pai que é amor e que nos gera constantemente como filhos e filhas, e irmãos uns dos outros. No Pai-Nosso nos é revelada a ação de Deus. É ele quem nos faz vir o Reino; é ele que nos dá o pão de cada dia; é ele que perdoa os pecados e não nos deixa cair em tentação. Os mesmos verbos usados para expressar a ação de Deus nessa oração nos motivam a descobrir a sua presença em cada um de nós, no outro e na realidade. Quando rezamos o Pai-Nosso, abrimos espaço em nós mesmos nas situações concretas, para que seu Espírito mova-se com liberdade a fim de nos inspirar.

São Cipriano, bispo e mártir do século III, referindo-se ao Pai-Nosso, nos diz: "Quem nos deu a vida também nos ensinou a rezar. [...] A oração mais agradável e querida por Deus é a que rezamos com suas próprias palavras, fazendo subir a seus ouvidos a oração de Cristo".

De São Lucas, lembramos as três parábolas sobre a oração, como um ensino a toda pessoa de fé.

A oração confiante dos discípulos (Lc 11,5-10)[1]

> Continuando a ensinar os seus discípulos a rezar, Jesus também lhes disse: "Se um de vós tiver um amigo e for até ele à meia-noite, dizendo: 'Amigo, empresta-me três pães, porque um amigo meu chegou de viagem à minha casa e não tenho nada para lhe oferecer!', e aquele, de dentro, lhe responder: 'Não me incomodes! A porta já está fechada. Minhas crianças e eu estamos deitados. Não posso me levantar para dá-los a ti'; eu vos digo: mesmo se não se levantar para dá-los por ser seu amigo, certamente se levantará e, por causa do atrevimento dele, lhe dará tudo aquilo de que necessitar. Eu, portanto, vos digo: pedi, e vos será dado; buscai, e encontrareis; batei, e vos será aberto; pois todo aquele que pede recebe, quem busca encontra e, ao que bate, lhe será aberto!" (Lc 11,5-10).

---

[1] A partitura da canção referente ao Evangelho de Lucas 11,5-10 está no Anexo. A gravação encontra-se nas plataformas digitais da Paulinas/Comep.

A oração do discípulo não é uma abstração de um sonho ilusório. Ela é um respirar perseverante no meio dos sufocos da vida. Por esse motivo, a parábola do amigo importuno não receia declarar seu difícil momento, dando, assim, valor à persistência e à confiança filial na bondade de Deus. É possível colher aqui cinco lições que podem ajudar-nos na prática de nossa vida de oração:

1) *Importância da persistência na oração*: quando oramos, muitas vezes esperamos uma resposta imediata de Deus. A insistência é um sinal da fé que sabe valorizar a comunhão filial com Deus. O silêncio de Deus pode falar mais alto que nossos clamores.

2) *Confiança na bondade de Deus*: Deus é Pai e amigo. Ele não vai dar uma cobra, se um filho pedir pão, e, se pedir um peixe, não vai dar-lhe um escorpião. Seu amor por nós é incondicional.

3) *Importância da intercessão*: ninguém intercede pelo pior. Mesmo de modo discreto e confuso, sempre desejamos o melhor. Assim, a intercessão é uma confirmação de amor e cuidado, principalmente quando oramos por outras pessoas. A preocupação pelo pão, mencionada anteriormente, acontecia em antecipação à chegada de um amigo.

4) *Poder da perseverança*: mesmo sem ter resultados imediatos, continuamos acreditando que "nada será impossível com Deus" (Lc 1,37). Quando perseveramos, comprovamos a determinação de nossa fé em Deus.

5) *O valor da amizade*: mesmo na insegurança da busca, o amigo importuno se importava com seu amigo que o visitava. A amizade social é o demonstrativo mais convincente de nossa amizade com Deus.

A oração, clamor de nossa pobreza (Lc 18,1-8)[2]

> Para mostrar-lhes a necessidade de orar sempre e sem desanimar, Jesus lhes contou uma parábola: "Havia em uma cidade um juiz que não temia a Deus e não tinha respeito por ninguém. Naquela mesma cidade havia uma viúva que vinha a ele, dizendo: 'Faze-me justiça contra meu adversário!' Durante muito tempo, ele não quis, mas depois disse para si: 'Embora eu não tema a Deus e não tenha respeito por ninguém, todavia, como esta viúva está me incomodando, vou lhe fazer justiça, para que ela não venha, por fim, me causar dano'". E o Senhor acrescentou: "Escutai bem o que diz o juiz injusto! E Deus não fará justiça a seus eleitos, que lhe clamam dia e noite? Tardará em ajudá-los? Eu vos digo: ele lhes fará justiça sem demora. No entanto, quando o Filho do Homem vier, encontrará essa fé sobre a terra?" (Lc 18,1-8).

A chave da justiça também pode desencadear um clamor sincero no coração de quem sofre e sabe que a realidade da vida pode melhorar. Essa parábola da viúva diante de um juiz é uma paradigmática e autêntica motivação para a oração. Como sabemos, na tradição bíblica, a viúva é símbolo da pessoa que vive só e desamparada. Por ser assim, ela não conta com apoio nem favores; só tem adversidades. E, na parábola, ela se depara com um juiz descrente e sem consciência, a quem não importa o sofrimento dos outros, menos ainda o de uma viúva.

Para essa viúva, poderia faltar tudo, menos fé e esperança. Por ter consciência de sua dignidade, vai à luta por seus direitos. O que pede não é um capricho, mas somente justiça. A insistência parecia incômoda para o juiz, mas, para a viúva, era a perseverança clamando por seus direitos. Certamente seu pedido é o de

---

[2] A partitura da canção referente ao Evangelho de Lucas 18,1-8 está no Anexo. A gravação encontra-se nas plataformas digitais da Paulinas/Comep.

todos os que são oprimidos injustamente; é um grito que está na intenção de Jesus, quando dizia: "Buscai, primeiro de tudo, o Reino de Deus e a justiça deste" (Mt 6,33).

A morte *injusta* de Cristo, que foi ressuscitado pelo Pai, é o princípio da "esperança que não decepciona" (Rm 5,5). É certo que Deus tem a última palavra e fará justiça a quem lhe grita dia e noite. Sabemos, porém, que a vida da grande maioria da humanidade é uma interminável noite de espera. Muitas vezes, o silêncio de Deus é experimentado, em sua dureza, por milhões de seres humanos. Rezar pelos outros pode se tornar uma mediação a romper o silêncio de Deus a quem suplica. O poder da autêntica oração sempre nos põe em comunhão solidária. A verdadeira oração não nos permite fechamento em nossos interesses, mas supõe que nos importemos com as injustiças que há no mundo, no desejo de um mundo mais justo para todos.

O fariseu e o publicano (Lc 18,9-14)[3]

> Para alguns que, convencidos de serem justos, desprezavam os outros, Jesus também contou esta parábola: "Dois homens subiram ao Templo para orar; um era fariseu, e o outro, um coletor de impostos. O fariseu, de pé, orava para si mesmo desta maneira: 'Deus, dou-te graças por não ser como os outros homens: gananciosos, injustos, adúlteros; nem como esse coletor de impostos. Eu jejuo duas vezes por semana, pago o dízimo de tudo o que adquiro'. O coletor de impostos, mantendo-se a distância, nem sequer se atrevia a levantar os olhos para o céu; mas batia no peito, dizendo: 'Deus, tem piedade de mim, que sou pecador!' Eu vos digo: este desceu para casa justificado, mas aquele não. Porque todo aquele que se enaltecer será humilhado, e quem se humilhar será enaltecido" (Lc 18,9-14).

---

[3] A partitura da canção referente ao Evangelho de Lucas 18,1-8 está no Anexo. A gravação encontra-se nas plataformas digitais da Paulinas/Comep.

O grande historiador Flávio Josefo descreve os fariseus como "uma seita dos judeus que se consideravam mais religiosos que os outros e acreditavam que sua interpretação da Lei era a mais exata". Viviam separados, com a convicção de serem justos e se darem o direito de desprezar os outros, julgando-os incapazes de agradar a Deus. Com essa mentalidade, o fariseu reza: "Deus, dou-te graças por não ser como os outros"; depois, repassa os principais atos de justiça que ele praticava. Por trás de sua aparente piedade, esconde-se a oração de um "ateu". Ele deixa claro que não precisa de Deus; não lhe pede nada. Basta-se a si mesmo!

Em grande contraste, Jesus apresenta o publicano, batendo-se no peito, declarando-se pecador, necessitado da misericórdia divina. Sabe que não tem nada a oferecer a Deus, a não ser receber dele o perdão e a misericórdia. Dessa consciência brota a sua oração: "Tem piedade de mim, que sou pecador!". O fariseu, em sua oração, declara seu fechamento e o publicano abre-se ao Deus de amor que Jesus revela: a parábola justifica a atitude de Jesus diante dos pecadores. Ele vivia do perdão, sem condenar ninguém. Na oração cristã, aprendemos a acolher e a conviver como humanos limitados e pecadores. Com a graça de Deus, podemos construir algo novo e surpreendente.

MARIA, MESTRA DE ORAÇÃO

A jovem Maria de Nazaré não é citada em sua identidade no Antigo Testamento, mas a seu respeito há uma certeza: como filha de Joaquim e Ana, aprendeu a rezar e, com seu povo, também suplicava pela vinda do Messias. Não lhe era estranho o grande clamor: *Maranatha!* ("Vem, Senhor Jesus!").

O Mistério da Encarnação do Filho de Deus começa em um grande diálogo, que se faz autêntica oração. Enviado pela iniciativa amorosa de Deus, chega o Anjo Gabriel e anuncia que Maria fora escolhida para ser Mãe de Jesus. Surpreendida pelo recado, dá-se o direito de perguntar: "Como se fará isso? Não conheço homem". Esta é uma pergunta de um verdadeiro diálogo de fé e amor. O Anjo então lhe responde: "O Espírito Santo descerá sobre ti, o poder do Altíssimo te cobrirá; por isso, aquele que nascer será santo; será chamado Filho de Deus" (Lc 1,34-35). Confirmando o "sim" mais importante e sagrado da história, Maria responde prontamente em nome da humanidade: "Eis aqui a serva do Senhor! Faça-se em mim segundo tua palavra" (Lc 1,34-35).

Todo o clima de comunhão que Maria vive, como serva do Senhor e como serva de sua prima Isabel, a faz elevar o hino do *Magnificat*, que, de seu coração, continua ressoando diariamente no mundo. Conforme o documento de Puebla, esse cântico-oração é o "espelho da alma de Maria", a "expressão da espiritualidade dos pobres de Javé e do profetismo da antiga Aliança". A proclamação da grandeza de Deus responde às esperanças do povo da Aliança e aos mais nobres desejos da alma humana.

Maria é mestra e modelo de oração, não só mediante Jesus, que em seu ventre era gerado na mais sagrada comunhão de amor, mas também pelo seu testemunho de vida. Maria jamais separou a vida da oração. A vida é um dom de Deus, e Maria fez de sua vida um dom e uma oração.

Significativa é a narrativa de Lucas ao falar da apresentação de Jesus no Templo aos 12 anos. Ele estava totalmente sintonizado com o Pai, a tal ponto que José e Maria o perderam de vista quando estavam retornando para casa. Ao se darem conta, voltaram e o encontraram entre os doutores. "Os que o ouviam ficavam extasiados pela inteligência e pelas respostas dele. Eles o encontraram e ficaram desconcertados, e a mãe lhe disse: 'Filho, por que agiste assim conosco? Teu pai e eu te procurávamos angustiadamente'. Ele lhes disse: 'Por que me procuráveis? Não sabíeis que eu devo me ocupar dos assuntos de meu Pai?' Depois que voltaram a Nazaré, Maria, sua mãe, 'guardava tudo isso em seu coração'" (Lc 2,42-51).

Como mestra da oração, Maria ensina que a dimensão orante não é somente uma comunhão com Deus, mas também com a realidade que nos rodeia, especialmente diante das carências humanas. Nas bodas de Caná, na hora em que o vinho faltou, comprometendo a festa, Maria aproxima-se de Jesus e lhe diz: "Eles não têm mais vinho!"; e, diante da resposta aparentemente estranha do Filho: "Minha hora ainda não chegou", Maria ordena aos serventes: "Façam tudo o que ele vos disser" (Jo 2,1-12). Dessa hora em diante, Maria parece ter silenciado; porém, sua presença de Mãe garantiu a seu Filho a mais plena comunhão. Do presépio até a cruz, da cruz à ressurreição, até o nascimento da Igreja, em Pentecostes, Maria se manteve orante, e hoje continua sendo a mediadora e mestra da oração para toda a Igreja.

PAULO APÓSTOLO E A IMPORTÂNCIA DA ORAÇÃO

As cartas de Paulo ressaltam o valor fundamental da oração em sua vida e missão, bem como para a perseverança e o crescimento na fé e na vida das comunidades. Sua recomendação aos outros revela ainda o que ele mesmo sentia e vivia na prática: "Constantemente orai!" (1Ts 5,17). Podemos afirmar que Paulo é um mestre que nos ensina a integrar *oração, vida e missão*. Não tinha a preocupação de justificar o valor da oração por argumentos teológicos, mas o fazia pela experiência de vida e missão e pela certeza dos efeitos da graça, que o motivavam a rezar e pedir: "Constantemente orai!" (1Ts 5,17).

Paulo estava convicto de que todos os momentos, todos os lugares, todas as situações e realidades são oportunidades e espaços para a prática da oração. Pela força da oração, Paulo animava os discípulos diante das "tribulações para entrar no Reino de Deus". "Em cada Igreja designaram anciãos e, depois de terem orado e jejuado, recomendaram-nos ao Senhor, em quem haviam posto a sua fé" (At 14,21-23). Na prisão, "por volta da meia-noite, Paulo e Silas, em oração, cantavam hinos a Deus" (At 16,25). Na viagem de Paulo para Jerusalém, "na praia, depois de ajoelhar-nos em oração, despedimo-nos uns aos outros; subimos no navio e eles voltaram para casa". Paulo orou na esperança da cura: "Aconteceu que o pai de Públio estava deitado, tomado de febre e disenteria. Paulo foi visitá-lo, rezou, impôs-lhe as mãos e o curou" (At 28,8).

A experiência pessoal de oração de Paulo o levou a ensinar aos outros o valor de exercitá-la sempre. "Alegres na esperança, perseverantes na aflição, assíduos na oração" (Rm 12,12). "Por isso, também nós, desde o dia em que ouvimos, não cessamos de orar por vós e pedir para que sejais plenificados do conhecimento da vontade dele, em toda sabedoria e entendimento espiritual" (Cl 1,9).

O entusiasmo apostólico de Paulo e os efeitos positivos percebidos nas pessoas e comunidades o faziam orar incessantemente, sempre convicto de que: "Se o Senhor não construir a casa, em vão seus construtores se afadigaram com ela. Se o Senhor não guardar a cidade, em vão o guarda ficou acordado" (Sl 127,1).

Destacamos algumas citações que confirmam essa comunhão de amor apostólico:

- "Tendo eu também ouvido falar de vossa fé no Senhor Jesus e de vosso amor para com todos os santos, não cesso de dar graças por vós, recordando-me de vós em minhas orações, para que o Deus de Nosso Senhor Jesus Cristo, o Pai da glória, vos dê um espírito de sabedoria e de revelação no conhecimento dele" (Ef 1,15-17).
- "Damos sempre graças ao Deus Pai de Nosso Senhor Jesus Cristo ao orarmos por vós, tendo ouvido de vossa fé em Cristo Jesus e do amor que tendes para com todos os santos" (Cl 1, 3-4).
- "Damos sempre graças a Deus por todos vós, fazendo continuamente memória de vós em nossas orações, recordando diante de Deus, nosso Pai, vossa fé operante, vossa caridade laboriosa e vossa esperança constante no Senhor nosso Jesus Cristo" (1Ts 1,2-3).
- "Dou graças a Deus, a quem presto culto, desde meus antepassados, com consciência pura, quando, sem cessar, noite e dia, me recordo de ti em minhas preces desejando muito te ver, recordando-me de tuas lágrimas, para ficar repleto de alegria, tendo a recordação da fé sem hipocrisia que há em ti" (2Tm 1,3-5a).
- "Sempre, em toda a minha oração em favor de todos vós, é com alegria que faço a oração, por vossa participação no Evangelho, desde o primeiro dia até agora" (Fl 1,4-5).
- Mesmo sem conhecer a Igreja em Roma, Paulo pensa em seu projeto de ir visitá-la. Escreve-lhe uma carta, mesmo

sem conhecê-la. "Primeiramente, dou graças a meu Deus, por Jesus Cristo, por causa de todos vós, uma vez que vossa fé é proclamada no mundo inteiro. Deus, a quem presto culto em meu espírito, anunciando o Evangelho do seu Filho, é minha testemunha de que, sem cessar, faço memória de vós. Sempre, em minhas orações, peço que, se for conforme a vontade de Deus, se apresente a mim uma boa ocasião para ir ter convosco" (Rm 1,8-10).

Concluindo, podemos afirmar que as comunidades fundadas por Paulo são um ensaio de um mundo melhor para todos. Deduzindo da própria mensagem, registrada em Gálatas 3,28, na comunidade dos seguidores de Jesus não há mais distinção de raça – judeu ou grego –, de condição social – escravo ou livre –, nem mesmo de gênero – homem ou mulher.

II
Testemunhas de oração e vida

No dia 11 de fevereiro de 2022, o Papa Francisco sugeria para a humanidade que 2024 se tornasse o ano da oração, preparando o ano jubilar 2025, em uma *grande sinfonia de oração*. Simbolicamente, podemos pensar que esse apelo esteja nos solicitando uma nova composição musical com novas melodias. Contudo, é bom lembrar que já existem *sinfonias de oração* que permeiam toda a história humana, compostas por muitos homens e mulheres que nos deixaram um legado de valor inestimável.

Em tempos diferentes, realidades diversas e estilos característicos de cada época, essas sinfonias confirmam a amplidão da sonoridade do encontro dos humanos com Deus e de Deus com os humanos. No primeiro capítulo, já acenamos para algumas sinfonias de oração que a Bíblia nos apresenta. Neste capítulo, vamos evocar presenças, experiências e sábias palavras sobre oração, que enriquecem a humanidade de ontem, hoje e sempre.

SANTO AGOSTINHO DE HIPONA (13/11/354 A 28/08/430)

A presença e a lembrança de Santo Agostinho nos despertam uma reação, como se estivéssemos diante do mar, onde a amplidão simplesmente nos encanta e nos deixa perplexos. Complexa, inquieta e fecunda é a experiência de sua vida e de suas obras. Ouvimos falar de Agostinho como filósofo e teólogo. Convertido, tornou-se padre, bispo e santo. É considerado o maior padre da Igreja Ocidental, deixando o maior número de obras. Nele, o amor da mãe que o fez vir à luz do tempo e, pela força da oração, o renasceu à luz da eternidade, como ele mesmo confessa.

Bento XVI, grande conhecedor e admirador de Santo Agostinho, afirmava: "Fascinava-me, sobretudo, a grande humanidade de Santo Agostinho. Por esse caminho tão humano, onde a graça supõe a natureza, Agostinho se tornou inquieto e exemplar em sua experiência de vida e missão: 'Inquieto está o nosso coração enquanto não repousa em ti'".

As *Confissões*,[1] de Santo Agostinho, um dos livros da antiguidade cristã mais lidos, foram escritas entre 397 e 400, durante o seu episcopado. Representam uma "meditação interior" realizada diante de Deus. Descrevem o "caminho interior" do antigo intelectual; são uma confissão das próprias debilidades e pecados, mas também um louvor a Deus, um olhar para a própria miséria à luz de Deus, que se converte em agradecimento. Tem-se a nítida impressão de que Agostinho tenha sintetizado e registrado o seu caminho existencial nessa oração exemplar, de quem reza a vida

---

[1] Petrópolis: Vozes, 2015.

na sinceridade do amor: "Tarde te amei, ó Beleza tão antiga e sempre nova!".

Até os últimos momentos de sua vida, Agostinho se confiou a Deus. Atingido por febre, quando fazia três meses que Hipona estava assediada por vândalos invasores, seu amigo Possídio conta que o bispo pediu para transcrever em letras grandes os salmos penitenciais. "Fez pregar as folhas na parede, de modo que, estando de cama, durante a doença, os podia ver e rezar, e chorava ininterruptamente lágrimas quentes" (*Vita Augustini* 31,2). Assim transcorreram os últimos dias de sua vida terrena.

Salientamos algumas preces de Agostinho que revelam a sinceridade do amor:

"Fizeste-nos para ti e inquieto está nosso coração, enquanto não repousa em ti."

"Dá-me, Senhor, saber e compreender o que vem antes: o invocar-te? Começar por conhecer-te ou por invocar-te? Mas quem te invocará sem te conhecer?"

"Buscar-te-ei, Senhor, invocando-te; e invocar-te-ei crendo em ti!"

"Para onde te chamo, se já estou em ti? Ou, donde virás para mim?"

"Quem me dera descansar em ti! Quem me dera vires a meu coração, a ponto de esquecer os meus males e abraçar-te, meu único bem!"

"Quem és tu para mim? Quem sou eu para ti?"

SÃO BENTO DE NÚRSIA
(2/03/480 A 21/03/547)

Tantos séculos se passaram, mas a presença e o legado de São Bento não passaram. Assim acontece com os santos e santas que marcaram e marcam a história da Igreja e da humanidade. De família abastada, ele foi enviado a Roma para completar a sua formação literária; porém, o ambiente de uma sociedade corrompida o fez retirar-se para uma vida solitária, mas, ao mesmo tempo, muito povoada por sua relação mística, tornando-o pai do monarquismo do Ocidente.

É o fundador do célebre mosteiro do monte Cassino, onde escreveu a Regra beneditina, que se espalhou por toda a Europa e tornou-se a forma de vida monástica durante toda a Idade Média. *Orar e trabalhar, contemplar e agir* é a síntese da Regra beneditina. Atualmente, existem mais de 1.200 mosteiros beneditinos em todo o mundo, seguindo a mesma regra estabelecida por São Bento.

Há um sacramental cristão, dedicado a São Bento, que é a "medalha de São Bento". Esse símbolo é reconhecido como poderoso sinal de proteção e libertação contra maldições e influências malignas. São Bento é representado na frente da medalha, segurando uma cruz em uma mão e a Regra em outra. Citamos palavras de São Bento, sempre atuais, sobre oração:

"*Ora et labora!*" (Ora e trabalha).

"Antes de tudo, quando quiseres realizar algo de bom, pede a Deus, com oração muito insistente, que seja realizado por ele."

"O tempo passado diante do sacrário é o tempo mais bem empregado da minha vida."

"Confesse todos os dias a Deus na oração, com lágrimas e gemidos, as faltas passadas, e daí por diante emende-se delas."

"Não queira ser tido como santo, antes que o seja, mas primeiramente seja, para que, como tal, o tenham com mais fundamento."
"Os sonolentos gostam de inventar desculpas."
"Primeiro, orem juntos, para conviverem em paz."
"Sempre que começar uma boa obra, deve primeiro de tudo fazer um apelo insistente a Cristo, nosso Senhor, para que leve à perfeição."
"Quem trabalha enquanto reza, eleva o coração para Deus com as mãos."
"A oração deve ser curta e pura, a menos que seja prolongada pela inspiração da graça divina."

SÃO FRANCISCO DE ASSIS (5/07/1182 A 3/10/1226)

Tão importante, tão intensa e tão integrada com a vida era a oração para São Francisco, que dele se afirma: *"Transformado não só em orante, mas na própria oração*, unia atenção e afeto em um único desejo que dirigia ao Senhor" (Segunda vida – 2 Celano 95). Suas retiradas para lugares solitários e suas experiências transformadoras, que resultavam da oração, não eram para ele uma oportunidade para exibir sua santidade ao público. Ao contrário, buscava retornar à convivência com todos em clima de total normalidade, a fim de não se sentir envaidecido.

Francisco era um homem vigilante "em guardar seu coração e sua mente voltados para Deus" (Regra não Bulada 22,19-25), "fazendo da oração o seu porto mais seguro" (Primeira vida – 1 Celano 71,6). As fontes franciscanas são unânimes em confirmar sua permanente sintonia com Deus, fosse à noite ou de dia, fosse no caminho ou no recolhimento dos eremitérios. A oração de Francisco era acentuadamente afetiva, expressa no louvor, no canto e na exaltação. Em todo lugar vibrava a alma de um místico. Não tinha palavras suficientes para expressar seu louvor e sua confiança no "meu Deus e meu tudo!".

Nos capítulos 3 e 5 da Regra oficial para os frades, Francisco deixa bem claro o compromisso da oração, que deve animar tanto a vida pessoal como a prática eclesial e sua dimensão apostólica no mundo. No capítulo 5 da Regra, Francisco confirma que todas as coisas devem servir como mediação da oração e que a oração deve motivar os frades em todo e qualquer trabalho. Em todo o viver humano, na trama do cotidiano, o importante é cultivar e manter o espírito de oração e devoção. "Os irmãos, aos quais o Senhor deu a graça de trabalhar, trabalhem com fidelidade e devoção, de modo que afugentem o ócio, inimigo da alma, e não percam o espírito de oração e devoção, ao qual todas as coisas temporais devem servir" (Regra não Bulada 5,1-2). De Francisco, lembramos algumas palavras dentre as suas incontáveis expressões:

"Quando virmos ou ouvirmos alguém amaldiçoar, abençoemos; fazer o mal, façamos o bem; blasfemar, louvemos o Senhor que é bendito pelos séculos" (Regra não Bulada 17,19).

"Onipotente, altíssimo, santíssimo e sumo Deus, Pai santo e justo, Senhor dos céus e da terra, nós vos damos graças por causa de vós mesmo" (Regra não Bulada 23,1).

"Como é bom ter no céu um tal Pai! Como é santo e consolador ter um tal Esposo (o Espírito Santo)! E como é santo e amável ter um tal irmão e Filho, Nosso Senhor Jesus Cristo" (1 Carta 1 aos Fiéis 1).

"Pasme o homem todo, estremeça a terra inteira, rejubile o céu em altas vozes quando, sobre o altar, estiver nas mãos do sacerdote o Cristo, Filho de Deus vivo" (Cântico das Criaturas 2).

"Atribuamos todo o bem a Deus, altíssimo e soberano Senhor, e consideremos todo o bem propriedade dele, e rendamos graças por tudo a ele, de quem todos os bens procedem" (Primeira Regra 17).

"É preciso orar em todo o tempo e não desfalecer" (1 Carta 1 aos Fiéis 2-3).

"Onde há paz e meditação, não há nervosismo nem dissipação" (Admoestação 27).

SANTA CLARA DE ASSIS (16/07/1194 A 11/08/1253)

A eficácia da oração não está longe da graça de Deus e da qualidade da fé que se cultiva. Como revelou a sua mãe, Santa Clara recebeu este nome porque se esperava que sua filha iluminasse o mundo pelo brilho de sua santidade. Na imagem tradicional que nos é apresentada, Clara está segurando um Ostensório na mão. Sua presença de mulher corajosa confirma a força inabalável da fé e da oração, no terrível momento da tentativa de invasão do convento pelos sarracenos. Assim, Clara afirmou e confirmou que Cristo era mais forte do que eles e do que qualquer outra adversidade.

Santa Clara, com toda liberdade, decidiu abraçar o estado de vida contemplativa. Desse modo se propunha a "recolher o veio do sussurro furtivo de Deus", conforme a "Legenda de Santa Clara". Com isso, sinalizava a decisão de ser de Deus, feito Homem, o Cristo crucificado, e, a partir dele, viver a altíssima pobreza, na jovialidade inesgotável da "perfeita alegria do Mistério da encarnação", na loucura da cruz (cf. 1Cor 1,20-25).

Clara, como mulher de intensa oração, não tinha nenhuma pretensão de inventar santidade para se vangloriar; porém, suas Irmãs testemunham o quanto ela valorizava a experiência de encontro com Deus em sua relação de amizade com Jesus Cristo. Isso lhe dava segurança na vida e também na missão de levar adiante uma convivência especial na vida da Igreja.

No processo de canonização de Clara, suas Irmãs do mosteiro de São Damião registraram depoimentos confirmando sua inconfundível experiência de oração. "A bem-aventurada madre passava tantas noites acordada em oração, ficando muito tempo deitada por terra, humildemente prostrada" (Irmã Pacífica 1,7.9).[2] "Rezava com muitas lágrimas, mas na convivência com as Irmãs demonstrava uma intensa alegria espiritual e nunca estava perturbada" (Irmã Cecília VI, 4).[3] Assim, Clara ensinou os quatro passos da oração contemplativa, centrada em Jesus: *olhar, considerar, contemplar e desejar viver como Jesus, que se fez para nós o Caminho*. Vale aqui lembrar também algumas frases significativas, ditas por Santa Clara:

"Jesus é a ponte entre aquele que tudo pode e as criaturas que de tudo precisam."

"Se olhares para Deus, o que tanto te preocupa vai parecer insignificante."

"O Senhor esteja sempre com vocês e, oxalá, estejam vocês sempre com ele!"

---

[2] TEIXEIRA, frei Celso Márcio. *Fontes Franciscanas e Clarianas*. Petrópolis: Vozes/FFB, 2008.
[3] Ibid.

"Por amor a Cristo, não há dor que me faça sofrer."
"Nunca perca de vista seu ponto de partida."
"Cresçam sempre no amor de Deus e na mútua caridade."

SANTO ANTÔNIO DE PÁDUA, ORAÇÃO E AÇÃO (15/08/1195 A 13/06/1231)

Sendo franciscano, discípulo missionário, Frei Antônio insistia na oração como uma relação de amor, um diálogo com o Senhor, em um clima de alegria que envolve as pessoas. A verdadeira oração necessita de uma atmosfera de silêncio que não coincide com fuga e afastamento do barulho, mas é experiência interior. Para Santo Antônio, a oração compõe-se de quatro atitudes indispensáveis:

- Abrir com confiança o próprio coração a Deus.
- Dialogar afetuosamente com ele.
- Apresentar-lhe as próprias necessidades.
- Agradecê-lo e louvá-lo de coração sincero.

Há um ensino de Santo Antônio sobre a oração que merece destaque: "Podemos rezar de três modos: com o coração, com a boca e com as mãos".

- *Com o coração*: a oração deve partir de nosso íntimo e ter como objetivo o amor.
- *Com a boca*: nossas palavras têm de ser palavras de vida. Precisamos falar aquilo que vai ajudar, jamais aquilo que vai promover a discórdia e a desunião.
- *Com as mãos*: precisamos agir, amar o próximo com ações concretas que vão levar sempre o amor de Deus.

Lembramos algumas frases de Santo Antônio sobre a oração:
"A oração precisa de uma atmosfera de silêncio, que não coincide com o desapego do rumor externo, mas é uma experiência interior que tem por finalidade remover as distrações causadas pelas preocupações da alma, criando o silêncio na própria alma."
"A oração é afetuosa adesão a Deus, convivência familiar, estado de alma iluminada para uma verdadeira alegria" (5Páscoa, 5).[4]
"A oração unge, as lágrimas pungem" (15Pentecostes, 9).
"A verdadeira oração e devoção arde no fogo do amor divino, mas vira fumaça corrupta com a vaidade e se anula com a cobiça" (Epifania, 7).
"Na oração não dividam o espírito a ponto de terem uma coisa na boca e outra no coração. O espírito dividido é incapaz de pedir" (10Pentecostes, 9).
"O justo oferece preces à Santíssima Trindade na prosperidade e na adversidade" (15Pentecostes, 9).

SANTA TERESA D'ÁVILA, MESTRA DA ORAÇÃO (28/03/1515 A 4/10/1582)

No mesmo dia 28 de março de 1515, em que nasceu Teresa de Jesus, foi inaugurado, nas proximidades da cidade de Ávila, um convento de carmelitas, o mosteiro da Encarnação, que mais tarde a acolheu. Em sua juventude, "ela prendia e cativava todos os corações" (Frei Luiz de León). Era dotada de extraordinárias qualidades naturais. Como qualquer jovem, Teresa também tinha suas

---

[4] As frases citadas sobre a oração são de alguns sermões dominicais de Santo Antônio e encontram-se no livro de autoria de Frei Clarêncio Neotti: *Santo Antônio: mestre da vida*. São Paulo: Santuário, 2007, pp. 244-246.

vaidades e seus afetos. Ela mesma declara: "Comecei a enfeitar-me e querer agradar com a boa aparência, a cuidar muito das mãos e dos cabelos, usando perfumes e entregando-me a todas as vaidades" (*Livro da vida* 2,2). Mais tarde se dá conta das ilusões que a seduziam.

Em julho de 1531, o pai a interna no convento das agostinianas de Nossa Senhora das Graças para garantir-lhe uma boa educação. Admirava a companhia das religiosas, mas, como ela mesma confessa: "... desgostava-me a ideia de tornar-me monja" (*Livro da vida* 2,8). Como São João da Cruz, Teresa sente intensamente o desejo do absoluto que a persegue. Entre amores e temores, decide vestir-se com o hábito de monja no convento da Encarnação no dia 2 de novembro de 1536. Então ela confessa: "Quando tomei o hábito, Deus transformou a aridez que tinha a minha alma em magnífica ternura" (*Livro da vida* 4,2).

Intensa e sempre surpreendente é a história de Teresa. O incontido dinamismo interior a fez mística, empreendedora e apaixonada pela causa que tinha abraçado. Por ocasião do 50º aniversário da declaração de Teresa como Doutora da Igreja, pelo Papa São Paulo VI, o Papa Francisco a apresentou como: "Mulher excepcional; uma chama que continua a brilhar; um exemplo para os que querem progredir na purificação. Sabia como trazer o céu à terra" (Papa Francisco). Era grande devota de São José, a quem tomou como seu mestre, advogado e intercessor.

Teresa foi responsável pela reforma carmelita. Fundou 33 mosteiros. Seus escritos confirmam a profundidade de sua experiência de oração. Destacamos: *Caminho de perfeição*, *Fundações*, *Castelo interior*. Ela ajudou a rever a noção de Deus, convicta de que a oração é relacional. Não devemos rezar por medo de Deus, por obrigação ou por uma oração de conveniência que não reflita o amor. Devemos rezar por amor, na certeza de que somos amados por Deus. Sua herança, tanto apostólica como mística, tornou Teresa "patrimônio da humanidade". Seguem algumas frases de destaque:

"Teresa, sem a graça, é uma pobre mulher; com a graça de Deus, uma fortaleza; com a graça de Deus e muito dinheiro, uma potência."

"Vocês pensam que Deus não fala porque não se ouve a sua voz? Quando é o coração que reza, ele responde."

"Nada te perturbe, nada te espante, tudo passa. Deus não muda; a paciência tudo alcança. Quem a Deus tem, nada lhe falta: só Deus basta."

"A meu ver, a oração não é outra coisa senão tratar intimamente com aquele que sabemos que nos ama e estar muitas vezes a sós com ele."

"O Senhor não olha tanto a grandeza de nossas obras. Olha mais o amor com que são feitas."

"Em tempos de tristeza e inquietação, não abandones nem as boas obras de oração nem a penitência a que estás habituado. Antes, intensifica-as e verás com que prontidão o Senhor te sustentará."

"Se não dermos ouvidos ao Senhor quando ele nos chamar, pode acontecer que não consigamos encontrá-lo quando o quisermos."

"Não vos deixeis enganar por ninguém que vos mostre um caminho que não seja o da oração."

"Uma prova de que Deus está conosco não é o fato de que não venhamos a cair, mas que levantemos depois de cada queda."

CHARLES DE FOUCAULD, O IRMÃO UNIVERSAL (15/12/1858 A 1/12/1916)

Charles nasceu em Estrasburgo, na França, no dia 15 de setembro de 1858. Aos 6 anos ficou órfão, sendo criado por sua avó. Em um tempo e ambiente minados pelo positivismo científico, ele mesmo declara: "Desde os 15 ou 16 anos, toda a fé tinha desaparecido dentro de mim". Em 1878, entrou na escola de cavalaria de Saumur. Em 1880, como tenente vai para a Argélia. Ali teve uma vida dissoluta, de luxos e prazeres, em que foi perdendo sua fortuna.

O longo peregrinar no deserto do norte da África acendeu uma nova luz na vida de Charles. A hospitalidade e as práticas religiosas dos muçulmanos o motivaram a descobrir o Deus sempre presente na vida. Em Paris, após uma confissão um tanto forçada, Charles muda totalmente o rumo da vida. Entra num mosteiro trapista na França, mas logo é enviado à Terra Santa, onde cultivou a vida oculta de Jesus. Em Nazaré, o cultivo da vida interior o levou a consolidar a decisão de ser sacerdote. Em 1901, foi ordenado na França.

No ano seguinte, estabeleceu-se em Béni Abbès, no Saara, entre as ovelhas mais perdidas e abandonadas. Ali ele escreveu: "Das 4h30 às 20h30, não deixo de falar, de ver pessoas: escravos, pobres, doentes, soldados, viajantes, curiosos. [...] Quero que todos os habitantes da terra se acostumem a me considerar o irmão universal". No dia 1º de dezembro de 1916, em Tamanrasset, foi atingido por uma bala num assalto a seu eremitério, provocado pelas tropas rebeldes do Saara.

Evocamos alguns depoimentos atuais, referentes a Charles de Foucauld:

- *Marie-Andrè*, filósofo e historiador francês, na biografia de Foucauld escreveu: "Entre as grandes figuras atuais, poucas são tão brilhantes quanto o Pe. Charles de Foucauld. Nada mais admirável, com efeito, do que ver um mundano, desocupado, libertino, transformar-se quase subitamente em asceta, em penitente, em contemplativo, em apóstolo. A mudança desse homem provaria, se necessário, o poder da graça divina, quando unida à vontade humana".
- *Walter Kasper*, cardeal emérito, referindo-se à espiritualidade de Foucauld, disse: "Charles de Foucauld é modelo para realizar a missão do cristão e da Igreja não apenas no deserto de Tamanrasset, mas também no deserto do mundo moderno: a missão por meio da simples presença cristã, na oração com Deus e na amizade com os homens. Charles de Foucauld é uma figura luminosa, e pode ser também um válido contrapeso diante do perigo".
- *Bento XVI*, no dia 13 de novembro de 2005, beatificou Charles de Foucauld, dizendo: "Em Nazaré, ele descobriu a verdade sobre a humanidade de Jesus e convida-nos a contemplar o mistério da Encarnação [...]. Ele descobriu que Jesus, que veio para se juntar a nós na nossa humanidade, nos convida à fraternidade universal. Como sacerdote, ele colocou a Eucaristia e o Evangelho no coração de sua vida, as duas mesas da Palavra e do Pão, fonte da vida cristã e da missão".
- *Papa Francisco*, no dia 15 de maio de 2022, no momento da canonização de São Charles de Foucauld, referiu-se a

ele dizendo: "Talvez como poucos, intuiu a dimensão da espiritualidade que emana de Nazaré. Por meio da fraternidade e da solidariedade com os mais pobres e abandonados, compreendeu que no fundo são eles que nos evangelizam, ajudando-nos a crescer em humanidade".

- *Dom Pierbattista Pizzaballa*, o Patriarca de Jerusalém, no dia 29 de maio de 2022, durante a Missa de Ação de Graças pela canonização de Charles de Foucauld, lembrou os momentos decisivos para o caminho espiritual dele e falou: "Uma parte da espiritualidade que lhe é atribuída é chamada de 'espiritualidade de Nazaré'. Uma espiritualidade modelada na convivência familiar, vivida com Jesus por José e Maria, entendida como desejo de viver com Cristo e em Cristo cada momento e cada respiro da vida cotidiana, depois de tê-lo encontrado".
- *Dom Edson Damian*, bispo emérito de São Gabriel da Cachoeira, referindo-se a São Charles de Foucauld, disse: "Este novo santo, que o teólogo Yves Congar considerou como um 'farol que a mão de Deus acendeu no limiar do século XX', estimula um modo de presença da Igreja em estreita comunhão com pessoas de outras religiões e culturas, mediante uma vida simples e próxima dos mais desfavorecidos, sem preconceitos moralizantes".

Lembramos algumas frases de destaque de São Charles de Foucauld:

"Meu Deus, se existes, faz com que eu te conheça!"
"Logo que descobri que existe Deus, entendi que não podia mais fazer outra coisa senão viver por ele."
"Quanto mais se ama, melhor se reza!"
"A melhor oração é aquela em que mais se ama."

"Quanto mais abraçamos a cruz, mais nos aproximamos de Jesus, que está cravado nela."

"A Eucaristia é Deus conosco, é Deus em nós, é Deus que se dá perenemente a nós, para amar, adorar, abraçar e possuir."

"Meu Deus, não sei se é possível para alguém ver-te pobre e continuar rico como antes!"

"Quero ser tão bom que possam dizer de mim: 'Se o servidor é assim, como não será o Mestre!'"

GANDHI, UM PROFETA DIFERENTE (1869 A 1948)

Mohandas K. Gandhi nasceu em 1869, no estado de Gujarat, e foi morto pelas balas de um assassino hindu, em janeiro de 1948, aos 79 anos de idade, precisamente quando ia fazer as orações vespertinas em um jardim em Nova Delhi. Albert Einstein comoveu-se tanto que disse a respeito de Gandhi: "As gerações futuras dificilmente poderão acreditar que alguém assim, de carne e osso, já andou por este mundo".

Certa vez, perguntaram a Gandhi: "O que você ganha orando a Deus regularmente?", e ele respondeu convictamente: "Geralmente não ganho nada, mas sim perco coisas". Então foi citando tudo o que perdeu orando a Deus regularmente: "Perdi o orgulho; perdi a arrogância; perdi a inveja; perdi minha raiva; perdi a luxúria; perdi o prazer de mentir; perdi o gosto pelo pecado; perdi a impaciência, o desespero e o desânimo. Às vezes, oramos não para ganhar algo, mas sim para perder coisas que não nos permitem crescer espiritualmente. A oração educa, fortalece e cura. A oração é o canal que nos conecta diretamente com Deus".

TIAGO ALBERIONE (4/04/1884 A 26/11/1971)

Podemos afirmar que Pe. Alberione foi um gigante profeta da comunicação a serviço do Evangelho. Sempre se mostrou preocupado com a modernização dos meios, com clareza dos seus fins. Fundou a família Paulina de homens e mulheres a serviço do Evangelho.

O Beato Alberione sempre expressou palavras de convicção e amor em relação à oração; era mesmo um homem de profunda e intensa oração. Para ele, os consagrados e as consagradas que se dedicam ao apostolado com os meios de comunicação social precisam cultivar uma intensa relação com Deus, para manter sempre pleno o vigor e o entusiasmo apostólico.

Uma forma específica de oração, que ele recomendou aos membros da família Paulina, é a hora diária de adoração ao Santíssimo Sacramento. Um momento privilegiado do dia em que a pessoa se coloca na escola de Jesus para aprender dele o caminho da transformação da mente, da vontade e do coração, a exemplo da experiência de Paulo: "Não sou mais eu que vivo, mas é Cristo que vive em mim" (Gl 2,20a).

Na hora da adoração diária, chamada por Pe. Alberione de uma visita a Jesus Eucarístico, ele recomenda: "Quando vocês rezarem diante do tabernáculo, considerem-se representantes da humanidade. Reúnam, em seu coração, o coração de todas as pessoas, apresentando a Deus todas as suas necessidades, para que ele dê força a quem está fraco, luz a quem anda nas trevas; para que as almas se afastem do pecado, para que Jesus vença a resistência dos pecadores, para que Deus conceda às almas que lhe são consagradas a santificação".

Registramos aqui alguns pensamentos significativos do Beato Alberione:

"A oração deve vir antes de tudo e, acima de tudo, dar vida a tudo."

"Ilude-se quem julga poder desculpar a própria falta de oração dizendo estar demasiadamente atarefado [...]. É realmente o motivo? Ou se julga demasiado o trabalho somente porque não é precedido pela oração, com a qual facilmente se resolveriam tantas ocupações?"

"Uma vez abandonada a oração, rui todo o edifício espiritual e fica só um monte de entulhos: um lindo castelo, mas em ruínas. Abandonar a oração para dedicar-se mais à ação é retroceder. O trabalho feito em detrimento da oração não ajuda a nós mesmos, nem sequer os outros, porque furta a Deus o que lhe devemos."

"A oração é como o sangue, que parte do coração e vai a todos os membros, levando alimento e vida a todo o organismo."

"Enquanto não estivermos conscientes de que a piedade nos é necessária para viver, tanto quanto o pão e o ar, seremos insuficientes, vazios e volúveis."

"O próprio Deus trabalha para quem trabalha por ele. Estejamos, portanto, dispostos a agir sempre, como se tudo dependesse de nós, e a rezar e a esperar no Senhor, como se tudo dependesse dele."

"O meio mais eficaz para encontrarmos boas soluções para as nossas dificuldades é a oração."

SÃO PIO DE PIETRELCINA (25/05/1887 A 23/09/1968)

São Pio chamou e chama a atenção do mundo por sua história, bem ou mal interpretada, tornando-se o *santo da oração e da compaixão*. Não foi apenas por sua trajetória familiar e pela pertença à Ordem dos frades capuchinhos que assim se tornou, mas por sua experiência original de vida e de fé, de oração e de ação. Os depoimentos dos últimos Papas são significativos:

- *São Paulo VI*: "Veja que fama ele alcançou! Quanta gente de todo o mundo ele reuniu em torno de si! Mas por quê? Por que era um filósofo? Por que era um sábio? Por que dispunha de meios? Não, mas porque rezava a missa humildemente e confessava de manhã à noite. Era marcado pelos estigmas de Jesus. Era um homem de oração e de sofrimento".
- *São João Paulo II*: "Pe. Pio foi um generoso dispensador da misericórdia divina, sobretudo pelo sacramento da Penitência. O ministério do confessionário atraía numerosas multidões de fiéis. Mesmo quando ele tratava os peregrinos com aparente severidade, eles, tomando conta da gravidade do pecado e arrependendo-se sinceramente, voltavam quase sempre atrás para o abraço pacificador do perdão sacramental".
- *Bento XI*: "Pe. Pio é um daqueles homens extraordinários que Deus envia de vez em quando à terra para converter os homens".

Questionado pelos cientistas, criticado e censurado até mesmo pela oficialidade da Igreja, retirado do povo e mal interpretado por seus dons de paranormalidade, Frei Pio nunca deixou de ser um frade alegre e bem-humorado, dedicado à leitura e à oração, amado pelas multidões, que esperavam sua presença. Sempre cultivava uma grande compaixão pelo sofrimento das pessoas.

Atendendo a um pedido do Papa, Pe. Pio criou grupos de oração com o objetivo de aliviar os sofrimentos da Segunda Guerra Mundial no coração das pessoas. Esses grupos se tornaram células catalizadoras do amor e da paz de Deus em um mundo cheio de sofrimento. Pe. Pio desejava que os grupos de oração fossem faróis de luz e amor no mundo, e dizia: "Orai ao Senhor comigo, porque o mundo inteiro precisa de orações. E cada dia, quando o vosso coração sentir mais a solidão da vida, orai! Orai juntamente com o Senhor, porque também Deus tem necessidade de nossas orações!".

Lembramos algumas frases de São Pio de Pietrelcina sobre a importância da oração:

"Sou um pobre frade que reza!"

"A oração é a melhor arma que possuímos, uma chave que abre o coração de Deus."

"A sociedade de hoje não reza, por isso está desmoronando."

"Ore, espere e não se preocupe. A preocupação é inútil. Nosso Senhor misericordioso escutará a sua oração."

"Seria mais fácil para o mundo existir sem o sol do que sem a Santa Missa."

"Na vida espiritual, quem não avança retrocede. Acontece como um barco que sempre deve seguir adiante. Se parar, o vento o fará voltar."

DIETRICH BONHOEFFER
(4/02/1906 A 6/04/1945)

Até nossos dias, a presença e a lembrança de Dietrich Bonhoeffer, por sua experiência de vida e por seus escritos, continuam inspirando, provocando, animando e desafiando os cristãos do mundo inteiro. Foi um profeta da coragem, da fé, no meio do grande drama provocado pelo Nazismo, durante a Segunda Guerra Mundial. Acabou preso, acusado de participar do atentado contra Hitler. Com apenas 39 anos, no dia 6 de abril de 1945, foi enforcado no campo de concentração de Flossenbürg.

Dietrich Bonhoeffer era um homem superdotado intelectualmente, mas, ao mesmo tempo, alguém que cultivava uma intensa oração; meditava as Escrituras todos os dias, até os últimos momentos de sua vida. Comparado aos chamados "Padres da Igreja, os pensadores cristãos dos primeiros séculos", o mártir Bonhoeffer também se ocupava de reflexões intelectuais profundas, mas, ao mesmo tempo, *rezava muito* e estava integrado na vida da Igreja de seu tempo.

Irmão Alois, que foi prior de Taizé até o dia 2 de dezembro de 2023, afirmou: "Dietrich Bonhoeffer, jovem pastor, símbolo da resistência alemã contra o Nazismo, encontra-se entre aqueles que podem apoiar-nos no caminho da fé. Ele que, nas horas mais sombrias do século XX, deu a sua vida até o martírio, escrevia na prisão estas palavras que agora cantamos em Taizé: 'Deus, recolhe os meus pensamentos por ti. Junto de ti, a luz, tu não te esqueces de mim. Junto de ti, a ajuda, junto de ti, a paciência. Não entendo os teus caminhos, mas tu conheces o caminho para mim".

Um médico do campo de concentração testemunhou a respeito de Bonhoeffer que ele, antes de se despir, tinha se *recolhido em oração*. "A oração tão devota e confiante daquele homem, extraordinariamente simpático, me abalou profundamente. Mesmo no lugar do suplício, ele fez uma breve oração. Então subiu corajoso e resignado a escada do patíbulo. A morte veio depois de alguns segundos". Então o médico concluiu: "Na minha atividade médica de tantos anos, eu nunca vi um homem morrer com tanta confiança em Deus". As últimas palavras de Bonhoeffer expressam a serenidade de uma caminhada de fé: "Isto não é o fim para mim; é o começo da vida!".

Registramos algumas palavras memoráveis de Dietrich Bonhoeffer:

"Eu não me refiro à fé que foge do mundo, mas à que resiste no mundo, ama e permanece fiel à terra, apesar de todas as tribulações que ela nos provoca", escreveu para a noiva, explicando sua ideia de fé.

"Temo que os cristãos que ousam estar sobre a terra com um pé só estarão com um pé só no céu."

"Vem o dia em que será impossível falar abertamente, mas nós rezaremos, faremos o que é justo; o tempo de Deus virá."

"O pressuposto para orar é a fé, a comunhão com Cristo. Ele é o único mediador da nossa oração. Oramos com base em sua Palavra. Assim, nossa oração será sempre oração vinculada à sua Palavra."

"Com a oração do Pai-Nosso, Jesus ensinou a seus discípulos não somente como orar, mas também o que orar... O Pai-Nosso é a oração por excelência."

DOM HELDER CAMARA (7/02/1909 A 27/08/1999)

Dom Helder é conhecido internacionalmente por seu carisma profético, por ser incansável lutador na defesa dos direitos humanos e também por ser um místico e poeta. Recebeu diversos prêmios que assim o confirmam, como: o prêmio Martin Luther King, nos Estados Unidos, e o prêmio Popular da Paz, na Noruega.

Com 14 anos ingressou no seminário, em Fortaleza, e com 22 foi ordenado sacerdote, com autorização da Santa Sé, devido a sua idade. Em 1936, foi nomeado diretor do Departamento de Educação do Ceará, onde permaneceu por cinco anos. Em 3 de março de 1952, foi nomeado bispo auxiliar do Rio de Janeiro. Em 11 de abril, passou a ser arcebispo de Olinda, Recife. Como homenagem póstuma, recebeu o título de Patrono Brasileiro dos Direitos Humanos, em 26 de dezembro de 2017, pela Lei n. 13.581. Em 1950, Dom Helder apresentou a monsenhor Montini, que viria a ser o Papa Paulo VI, o plano para fundar a Conferência Nacional dos Bispos do Brasil

Dom Helder era um místico. Suas inspirações de vida e missão tinham origem nas vigílias noturnas e na celebração da missa. Ele mesmo afirmou: "Desde os tempos de seminário, adquiri um hábito de me levantar às 2h da manhã. É nesse exato momento que refaço a minha unidade". É a partir dessa prática que ele vive e age, com sentido, durante todo o dia.

Do monumental legado de Dom Helder, citamos algumas de suas palavras:
"A consagração – que se prolonga ao longo do dia – me lembra quanto é vivo e santo tudo o que sai de tuas mãos."

"Os homens se movem e Deus os conduz: eis o resumo das minhas impressões ao recordar o surgimento da CNBB e sua caminhada."
"A vida de oração não é estimulada, muitos buscam o sacerdócio para obter prestígio social e, por vezes, o moralismo predomina sobre a tolerância, o triunfalismo supera o espírito ecumênico."
"O segredo da eterna juventude é dedicar a vida a uma causa."
"Mesmo que a maior angústia te visite e acompanhe, não deixes que ela reflita em teu rosto. O mundo agitado e triste precisa que leves contigo tua paz e tua alegria."
"Mais que o comum dos dias, olhei o mais que pude os rostos dos pobres, gastos pela fome, esmagados pelas humilhações, e neles descobri teu rosto, Cristo ressuscitado!"
"Não me dou a penitências. Com todo o respeito que merecem os santos, não sou homem de autoflagelações... Não há penitência melhor do que aquela que Deus coloca em nosso caminho."
"Havia tanta emoção nas palavras da consagração, que o vimos, muitas vezes, chorando ao celebrar a missa. E sempre repetia com toda convicção que o verdadeiro celebrante da missa é Nosso Senhor Jesus Cristo" (padre salesiano João Carlos Ribeiro, no prefácio de *Sonhos e utopias*, de autoria do Padre Geovane Saraiva [*e-book* Kindle]).

SANTA TERESA DE CALCUTÁ (26/08/1910 A 5/09/1997)

A trajetória de vida e missão de Santa Teresa de Calcutá é um itinerário de humanidade e fé cristã que nos ensina a integrar, de modo muito vivo e real, as propostas do Reino, no seguimento a Cristo no meio do sofrimento humano. Aqui não temos a intenção de publicar a biografia dessa mulher profetisa, mas desejamos contar com ela para que nos ensine a importância da oração na vida e na missão. Por isso, citamos dois fatos.

- *"Trabalhar mais e rezar mais"*: dois frades capuchinhos indianos foram à casa de Madre Teresa para tomar café. Em um amistoso diálogo, começaram a falar do excessivo trabalho apostólico que os envolvia junto aos pobres. Queixavam-se de que a carga de atividades dificultava a oração. Então, pediram um conselho a Madre Teresa. Surpreendentemente ela respondeu: "Queridos freis, trabalhem mais! Os pobres precisam da ação de vocês! Façam do trabalho uma oração e dediquem mais tempo para rezar!". Logo entenderam que ela não estava apenas aconselhando, mas confirmando a sua experiência de vida.

- *"Sem oração nos tornamos demais pobres para ajudar os pobres"*: certo dia, um jovem padre perguntou a Madre Teresa *quanto tempo rezava* por dia. Então ela respondeu: "O amor exige o máximo! Na vida de oração diária, não se contente em dar o mínimo a Deus. Você sofrerá a tentação de que basta fazer o mínimo para se sustentar. O amor não pode limitar-se ao mínimo, ao indispensável. Afinal, é ele ou somos nós que precisamos da oração?". O padre, muito sincero, disse a Madre Teresa que esperava dela um incentivo à caridade para com os pobres. Ela, porém, disse: "Você acha que eu conseguiria exercer obras de caridade se não pedisse, todos os dias, que Deus enchesse meu coração de amor? [...] Leia atentamente o Evangelho e verá que Jesus também, em muitos momentos, sacrificava a caridade para rezar ao Pai". Por isso, a Santa dos Pobres concluiu, afirmando: *"Sem*

Deus somos demasiado pobres para ajudar os pobres! Portanto, o grau de vida de oração é proporcional ao amor que tenho pelo próximo. Ou seja: amaremos mais à medida que rezarmos mais e melhor. Peça a Deus essa graça! Queira rezar mais, dedique tempo à oração. Verá os frutos dessa prática na sua vida e na vida dos que estão a sua volta".

Madre Teresa dizia sempre que tinha necessidade da oração como do ar para respirar. Citamos algumas frases que ela nos deixou:

"O fruto do silêncio é a oração! O fruto da oração é a fé! O fruto da fé é o amor! O fruto do amor é o serviço! O fruto do serviço é a paz!"

"Há muitas pessoas no mundo que estão morrendo por falta de um pedaço de pão. Mas há muito mais gente morrendo por falta de amor."

"Não devemos permitir que alguém saia da nossa presença sem se sentir melhor e mais feliz."

"É fácil amar os que estão longe, mas nem sempre é fácil amar os que vivem ao nosso lado."

"Quem julga as pessoas não tem tempo para amá-las."

"Nós temos que transformar o nosso amor a Deus em ação viva."

SANTA DULCE DOS POBRES (26/05/1941 A 13/03/1992)

Maria Rita de Souza Lopes Pontes, quando criança, *rezava muito* e pedia sinais a Santo Antônio para discernir se devia seguir a vida religiosa ou se casar. Desde os 13 anos, buscando conhecer e conviver com "os mais pobres dos pobres", decidiu seguir a vida religiosa. Por ser jovem demais, não foi aceita no Convento de Santa Clara do Desterro.

Com a força da oração e com o consentimento da família, Maria Rita transformou a sua casa em um centro de atendimento aos pobres; então, a rua da Independência, número 61, tornou-se conhecida como "a portaria de São Francisco". Após se formar como professora primária em 8 de fevereiro de 1933, Maria Rita entrou na Congregação das Irmãs Missionárias da Imaculada Conceição de Maria, recebendo o nome de Irmã Dulce, em homenagem a sua mãe.

Voltando a Salvador, foi designada para trabalhar em um colégio da Congregação e assistir as comunidades pobres da região. Com 22 anos, começou a empreender ações concretas de promoção humana e a organizar cooperativas para a defesa dos direitos dos operários. Em 1939, inaugurou o Colégio Santo Antônio, para atender os filhos dos operários.

A fim de abrigar doentes que recolhia nas ruas, Irmã Dulce invadiu cinco casas na Ilha dos Ratos. Sendo expulsa do lugar, transformou o galinheiro do Convento de Santo Antônio em albergue. Mais tarde, o grande Hospital Santo Antônio tornou-se um complexo médico, social e educacional – ativo ainda hoje – para atendimento dos necessitados. Mesmo com a saúde debilitada, Irmã Dulce manteve uma das maiores e mais respeitadas instituições filantrópicas do país.

Quem via e acompanhava a "Freira dos Pobres", sempre com um dinamismo empreendedor, até mesmo enfrentando maus-tratos e carências, se perguntava: "Qual é seu segredo para ser tão forte com um corpo tão frágil, tão corajosa diante de tantas incompreensões, tão perseverante no meio de tantas vidas falidas?".

Em resposta a estas perguntas, podemos afirmar que o segredo de Irmã Dulce vinha da força da fé, sempre renovada pela oração. Irmã Dulce colocou a religião na rua. O "Anjo Bom da Bahia" viveu até os 77 anos, morrendo no dia 13 de março de 1992, em Salvador. É bom lembrarmos algumas lições que ela nos deixou:

"As pessoas que espalham amor não têm tempo nem disposição para jogar pedras."

"Habitue-se a ouvir a voz do seu coração. É por meio dele que Deus fala conosco e nos convida a seguir em frente, vencendo os obstáculos que surgem em nossa estrada."

"No amor e na fé, encontraremos as forças necessárias para nossa missão."

"O amor supera todos os obstáculos, todos os sacrifícios. Por mais que fizermos, tudo é pouco diante de Deus, que tudo faz por nós."

"O corpo é um templo sagrado. A mente é o altar. Então devemos cuidá-los com o maior zelo. Corpo e mente são o reflexo de nossa alma, a forma como nos apresentamos ao mundo e um cartão de visitas para o nosso encontro com Deus."

"No coração de cada pessoa, por mais violenta que seja, há sempre uma semente de amor prestes a brotar."

"Se fosse preciso, começaria tudo outra vez, do mesmo jeito, andando pelo mesmo caminho de dificuldades, pois a fé e a oração iriam dar-me forças para ir sempre em frente."

"Tudo o que acontece no universo tem uma razão de ser, um objetivo. Nós, como seres humanos, temos uma só lição na vida: seguir em frente e ter a certeza de que, apesar de às vezes estarmos no escuro, o sol vai voltar a brilhar."

Lembrando o legado de Irmã Dulce para o Brasil, a Igreja e o mundo, a CNBB, no dia 21 de novembro de 2019, falou ao Senado brasileiro, por meio do Pe. Paulo Renato Campos, que corajosamente disse: "Ela pode se tornar madrinha de uma ideia e de um momento difícil que o país está passando, para mobilizar o coração das pessoas que, de algum modo, podem contribuir, porque Irmã Dulce é uma pessoa anônima. Ela, que não tinha cargo nenhum, fez um papel que muitos não fizeram, com grandes oportunidades na mão, inclusive de caneta e decisão de dinheiro, e, às vezes, deixam de fazer o que Santa Dulce dos Pobres fez sem nada".

III
Oração: o que dizem os Papas mais recentes

Lembrar o que disseram e dizem os pontífices, a partir do Concílio Vaticano II, é um modo de valorizar a voz do Magistério sobre a importância da oração na vida pessoal e na vida da Igreja. Isso é o que faremos neste capítulo que segue.

JOÃO XXIII – PAPA NO PERÍODO DE 28/10/1958 A 3/06/1963

João XXIII passou pela história como o "Papa Bom". Enquanto se pensava que seria um papa de transição, devido a sua idade avançada, ele surpreendeu o mundo promovendo o Concílio Vaticano II. *No convite à oração e à penitência para o bom êxito do Concílio Vaticano II*, afirmou: "A oração e a penitência são os dois poderosos meios postos por Deus à nossa disposição, em nossa época, para reconduzir a ele a mísera humanidade errante, sem guia aqui e acolá; são elas que tiram e reparam a causa primeira e principal de toda a perturbação, isto é, a rebelião do homem a Deus".

Na Constituição apostólica de 25 de dezembro de 1961, ano que antecedeu a abertura do Concílio, João XXIII fez um pedido:

"E, agora, pedimos a cada um dos fiéis e a todo o povo cristão o prosseguimento da participação e da oração mais viva, que acompanhe, vivifique e adorne a preparação próxima ao grande acontecimento. Seja essa oração inspirada pela fé ardente e perseverante; seja acompanhada pela penitência cristã, que a torna mais aceita e mais eficaz; seja valorizada pelo esforço da vida cristã, qual penhor antecipado da disposição decidida de cada fiel em aplicar os ensinamentos e as diretrizes práticas que emanarem do próprio Concílio. [...] Repita-se, desse modo, na família cristã, o espetáculo dos Apóstolos em Jerusalém, depois da ascensão de Jesus aos céus, quando a Igreja nascente se viu toda unida em comunhão de pensamento e de preces com São Pedro. Que o Espírito Santo se digne ouvir, de maneira mais consoladora, a oração que todos os dias sobe de todos os recantos da terra: 'Renova em nossa época os prodígios, como em novo Pentecostes, e concede que a Igreja santa, reunida em unânime e insistente oração a Maria, Mãe de Jesus, e guiada por Pedro, difunda o Reino do Divino Salvador, que é Reino de verdade, de justiça, de amor e de paz. Assim seja!".

No discurso da abertura solene do Concílio Vaticano II, no dia 11 de outubro de 1962, João XXIII proclamou: "Pode-se dizer que o céu e a terra se unem na celebração do Concílio: os santos do céu, para proteger o nosso trabalho; os fiéis da terra, continuando a rezar a Deus; e vós, fiéis às inspirações do Espírito Santo, para procurardes que o trabalho comum corresponda às esperanças e às necessidades dos vários povos. Isso requer da vossa parte serenidade de espírito, concórdia fraterna, moderação nos projetos, dignidade nas discussões e paciência nas deliberações".

PAULO VI – PAPA NO PERÍODO DE 21/06/1963 A 7/08/1978

Se o Papa João XXIII foi considerado o "Papa Bom", Paulo VI passou pela história como o "Papa do sofrimento". Não é apenas um título, mas uma realidade vivida por quem teve de enfrentar a turbulência de um novo tempo da Igreja pós-conciliar. Sua sabedoria profética nos deixa o legado de um estilo de escuta e de diálogo que a Igreja, somente agora, começa a aprender e a praticar. No dia 6 de janeiro de 1964, em Belém, Paulo VI exclamou: "Nós olhamos para o mundo com imensa simpatia. E, mesmo que o mundo se sentisse estranho ao Cristianismo e não olhasse para nós, continuaríamos a amá-lo, porque o Cristianismo não poderia sentir-se estranho ao mundo".

A oração, como diálogo com Deus, precisa tornar-se também caridade da Igreja para com todos os homens e mulheres do mundo. Paulo VI cultivava uma espiritualidade relacional, como afirma: "Se a salvação passa pelo espírito de relação com Deus, em Jesus, palavra definitiva de Deus à humanidade, então o diálogo é a forma e o conteúdo com que a Igreja obedece ao seu Senhor e se põe a serviço da humanidade, porque 'tudo o que é humano nos diz respeito'".[1]

A vida espiritual de Paulo VI era essencialmente cristocêntrica, porque Cristo, o Filho de Deus e homem, nascido de Maria, estava no centro de todo o pensamento dele. Viver com Cristo é reconhecê-lo como Senhor; é uma comunhão com Cristo, que é companheiro e amigo. Paulo VI costumava dizer: "Cristo é a luz do mundo. Quem olha para ele, vê iluminarem-se os caminhos

---

[1] Artigo publicado em *L'Osservatore Romano*, 25 nov. 2018.

da vida". O Cristo em que ele acreditava e amava era o Cristo dos Evangelhos, lidos com assiduidade, meditados e rezados.

Enzo Bianchi, referindo-se a Paulo VI, na noite de sua morte, Festa da Transfiguração, disse: "Eis que, no sinal da *transfiguração do Senhor*, na beleza da glória do Senhor, Paulo VI encontrou o rosto por ele tão amado. A sua morte na noite deste dia recebe do Senhor o selo: amou a Jesus Cristo e a sua beleza humana e divina, e nesta luz o Senhor o tomou consigo".

JOÃO PAULO I – PAPA NO PERÍODO DE 26/08/1978 A 28/09/1978

João XXIII é conhecido como o "Papa Bom", Paulo VI como o "Papa do sofrimento" e João Paulo I, o "Papa Sorriso". Em 1965, Albino Luciani – nome de batismo de João Paulo I –, quando cardeal, assessorou um retiro para os sacerdotes da Diocese do Vêneto. Ali ele tratou de maneira muito simples, como era seu costume, o *tema da oração*. Vale aqui transcrever algumas de suas palavras de destaque:
"O Senhor nos faz muitas recomendações sobre a oração no Evangelho. Uma delas é a insistência. Não basta pedir uma vez. Não é como tocar piano: você aperta uma tecla e sai um som. 'Senhor, dai-me esta graça', e pronto, está servido! Não é assim. O Senhor mesmo disse que não é assim: quero que vocês peçam."
"Nosso primeiro dever, como sacerdotes, é ensinar o povo a rezar, pois, quando lhe damos esse instrumento poderoso, ele mesmo se arranja para obter as graças do Senhor."
"Talvez insistamos demais na oração de petição: 'Senhor, lembra-te de mim, perdoa-me!'. Isso é muito bom! Mas, quando

Jesus nos ensinou o Pai-Nosso, nos disse: 'Rezem assim'. E dividiu a oração em duas partes. A primeira: 'Santificado seja o vosso nome, venha a nós o vosso Reino, seja feita a vossa vontade'. Esta é a parte que diz respeito à nossa relação com Deus. Só depois se passa à segunda: 'O pão nosso de cada dia nos dai hoje' etc. Portanto, em nossas orações devemos seguir o mesmo método: fazer primeiro a oração de adoração, de louvor, de agradecimento, e só depois a de pedido."

"O homem nunca é maior do que quando se ajoelha diante de Deus", citando Manzoni.

JOÃO PAULO II – PAPA NO PERÍODO DE 16/10/1978 A 2/04/2005

João Paulo II foi considerado o "Papa Missionário". Visitou 129 países e se comunicava bem em 13 idiomas. Escreveu 14 encíclicas com temas pastorais, sociais, teológicos e missionários. O sábio teólogo brasileiro Pe. Libanio avaliou o longo pontificado de João Paulo II como "um tempo de grande disciplina". José Comblin qualificou o tempo de Wojtyla como "a noite escura", e Karl Rahner, um ano antes de sua morte, disse que nesse tempo viveu a experiência de uma "Igreja invernal". Sabe-se também que ele assumiu o pontificado convicto de ser protagonista da derrocada dos regimes do socialismo no Leste Europeu. Enfim, só mesmo Deus para julgar! A verdade é que, por onde passava, atraía multidões por seu carisma e sua mensagem. Sobre a oração, João Paulo II deixou palavras significativas:

"A oração pode realmente mudar a vida de vocês. Ela desvia a atenção de vocês sobre si mesmos e faz com que suas mentes e seus corações se voltem para o Senhor. Se olharmos apenas para nós mesmos, com nossas limitações e pecados, cedemos rapidamente à tristeza e ao desânimo. Mas, se mantivermos os olhos fixos no Senhor, então nossos corações ficarão repletos de esperança, nossas mentes serão banhadas na luz da verdade e conheceremos a plenitude do Evangelho, com toda a sua promessa e vida" (*Encontro com os jovens*, Nova Orleans, 1987).

"A oração reforça a estabilidade e a solidez espiritual da família, ajudando a fazer com que esta participe da fortaleza de Deus."

"Deus não é um ser indiferente ou longínquo, pois não estamos abandonados a nós mesmos."

"A celebração da Eucaristia não só é um dever sagrado, mas sobretudo a necessidade mais profunda da alma humana."

"Aprendei a ouvir no silêncio a voz de Deus, que fala nas profundezas de cada um de nós!"

"O ser humano sem Deus não pode compreender a si mesmo, como também não poderá realizar-se sem Deus."

"Importante é uma oração que se faz vida, para que a vida toda se faça oração."

"Em uma família que reza, não faltará nunca a consciência da própria vocação fundamental: a de ser um grande caminho de comunhão."

"Nós começamos a rezar acreditando que nossa própria iniciativa é que nos motiva a isso; porém, em vez disso, aprendemos que é sempre uma iniciativa de Deus dentro de nós."

BENTO XVI – PAPA NO PERÍODO DE 24/04/2005 A 28/02/2013

Bento XVI passa para a história da Igreja como grande intelectual, considerado o maior teólogo do século XX, mas também como "Papa da Cruz". Tinha 7 doutorados, falava 10 línguas e escreveu 160 livros. O que é mais surpreendente é sua renúncia quando declarava aos cardeais, no consistório: "Eu os convoquei para este consistório não apenas para três canonizações, mas também para comunicá-los de uma decisão de grande importância para a vida da Igreja. Após ter repetidamente examinado minha consciência perante Deus, tive a certeza de que minhas forças, em consequência de minha idade avançada, não são mais adequadas ao exercício do pontificado. Eu sei muito bem que este ministério, devido à sua natureza essencialmente espiritual, deve ser levado à frente, não apenas com palavras e ações, mas também com orações e sofrimento. No mundo de hoje, sujeito a tantas mudanças rápidas e abalado por questões de profunda relevância para a vida da fé, a fim de governar a cátedra de São Pedro e proclamar o Evangelho, é necessário tanto a fortaleza do espírito quanto do corpo; fortaleza que nos últimos meses se deteriora em mim a ponto de ter de reconhecer minha incapacidade de desempenhar adequadamente o ministério que me foi confiado" (28/02/2013).

A partir de sua renúncia, retirou-se para o mosteiro *Mater Ecclesiae*, a fim de dedicar-se intensamente à oração pela Igreja e pelo mundo. De seu vasto legado teológico e pastoral, evocamos alguns pensamentos sobre a oração:
"A oração de Jesus atravessa toda a sua vida, como um canal secreto que irriga a existência, as relações e os gestos, e que o

guia, com firmeza progressiva, rumo ao dom total de si mesmo, segundo o desígnio de amor de Deus Pai. Jesus é o Mestre também em nossas orações [...]. Em nossa oração, temos de aprender, cada vez mais, a entrar nessa história de salvação, cujo ápice é Jesus, renovar diante de Deus a nossa decisão pessoal para nos abrirmos à sua vontade, pedir-lhe a força de conformar a nossa vontade com a sua vontade, em toda a nossa vida, em obediência ao seu projeto de amor por nós" (*Audiência geral* de 30/11/2011).

"Não existem orações supérfluas ou inúteis. Nenhuma oração se perde. Elas sempre encontram respostas, embora às vezes misteriosas, porque Deus é Amor e Misericórdia infinita. A oração educa-nos a ver os sinais de Deus."

"Cada pessoa, mesmo que se encontre afastada, traz consigo a marca de Deus e, portanto, evidentemente, tem sempre uma sede de infinito, do belo e do bem."

"Onde Deus é negado, dissolve-se também a dignidade humana. Quem defende Deus, defende o ser humano."

"A oração é a vereda silenciosa que nos conduz diretamente ao coração de Deus; é o respiro da alma que nos doa novamente paz nas tempestades da vida."

"Ouvir, meditar e silenciar diante do Senhor que fala é uma arte que se aprende praticando-a."

FRANCISCO – PAPA DESDE 13/03/2013

Desde os primeiros momentos, o Cardeal Jorge Mario Bergoglio, ao ser eleito Papa, mostra-se como um simples pastor, surpreendentemente. Após o *Habemus Papam*, apresenta-se e acena para a multidão, saudando-a: "Irmãos e irmãs, boa noite!", já criando uma relação amiga e próxima com o povo. A força simbólica do nome Francisco já veio anunciar algo novo.

Antes de abençoar a multidão, diz: "E agora gostaria de dar a bênção, mas, antes, peço-lhes um favor: antes que o bispo abençoe o povo, peço-lhes que *rezem ao Senhor para que me abençoe; é a oração do povo, pedindo a bênção para o seu bispo. Façam em silêncio esta oração de vocês por mim*". Depois disso, inclinou-se diante do povo, imerso em um silêncio carregado de emoção. A partir desse dia, a cada audiência, a cada diálogo ou encontro, ele pede: "Rezem por mim!".

Tudo o que segue ao longo deste tempo vem marcado pelo "pobrezinho de Assis", o homem da pobreza, da paz e do cuidado da criação. Não é demais afirmar que o Papa Francisco, que veio do "fim do mundo", como ele mesmo disse, chegou a este período conturbado da Igreja e do mundo como um verdadeiro profeta. Nele, tudo chama a atenção, desde as mensagens, ações, até seu modo de ser. Francisco anuncia com ternura a mensagem do Evangelho ao mundo, mas denuncia, sem agredir, tudo o que favorece a cultura da morte, enraizada no coração da humanidade.

O Papa Francisco, em sua ampla visão das relações do ser humano, consigo, com os outros e com a criação, dispensa especial atenção à relação da pessoa com Deus por meio da oração. Uma prova surpreendente disso é que, de 6 de maio de 2020 a 17 de março de 2021, em 27 audiências públicas, falou e aprofundou o tema da oração. Ele mesmo afirma: "A oração é como o oxigênio na vida. A oração é atrair sobre nós a presença do Espírito Santo, que nos faz ir adiante sempre. *Por isso, eu falo muito sobre a oração*". Destacamos algumas de suas falas:

- Na audiência de 6 de maio de 2020, Francisco fala sobre *o mistério da oração*: "A oração vem de nossa condição de precariedade; nasce da terra". Citando Bartimeu, lembra que "ele grita, bate à porta. Seu grito torna-se um pedido: 'Senhor, que eu volte a ver de novo!', e Jesus lhe diz: 'Vai, a tua fé te salvou!'. A fé é grito; a não fé é sufocar esse grito".

- Na audiência de 13 de maio de 2020, Francisco fala sobre *a oração do cristão*: "A oração do cristão nasce de uma revelação: o 'tu' não permaneceu envolvido no mistério, mas entrou em relação conosco. 'Ninguém jamais viu a Deus: o Filho único, que está no seio do Pai, foi quem o revelou' (Jo 1,18). Em Cristo, Deus, a quem rezamos, só conhece o amor".

- Na audiência de 4 de novembro de 2020, Francisco faz a catequese com o tema: *Jesus, Mestre da oração*. O *Catecismo* afirma: "Quando Jesus ora, já nos ensina a orar" (*Catecismo da Igreja Católica*, n. 2607). "Durante a sua vida pública, Jesus recorre constantemente ao poder da oração [...]. Em momento algum negligenciava o seu diálogo íntimo com o Pai [...]. A oração é o leme que guia a rota de Jesus. Não é o sucesso, não é o consentimento, não é aquela frase sedutora 'todos te procuram', que ditam as etapas da sua missão. É o modo menos confortável que traça o caminho da Jesus, mas que obedece à inspiração do Pai, a quem ouve e acolhe na sua prece solitária [...]. Outra característica que nos ensina o exemplo de Jesus é que a oração exige silêncio e solidão, não fuga do mundo [...]. Na oração, experimentamos como tudo o que fazemos começa e termina em Deus, de tal modo que podemos *ajustar as nossas relações* com todas as realidades que nos circundam, para nunca perdermos a paz e a alegria que vem de Deus."

ORAÇÃO: RESPIRAÇÃO DA VIDA

- Na audiência de 11 de novembro, Francisco comunica a catequese da *oração perseverante*: "A oração é o oxigênio da vida; é atrair sobre nós a presença do Espírito Santo, que nos leva sempre em frente. É por isso que eu falo muito sobre oração. Jesus deu exemplo de uma contínua oração". Em seguida, o Papa lembra as três parábolas do evangelista Lucas sobre a oração, das quais já foi falado e que também fazem parte do suplemento das canções contidas neste livro.

- Seguindo as catequeses, no dia 18 de novembro de 2020, Francisco evoca *a Virgem Maria, mulher orante*. No dia 2 de dezembro, fala sobre *a bênção*. No dia 16 de dezembro, é a vez da *oração de intercessão*. No dia 30 de dezembro, faz a catequese sobre a *oração de ação de graças*, em que diz que: "Viver é, sobretudo, ter recebido a vida [...]. Devemos pronunciar continuamente: 'Obrigado!'". No dia 13 de janeiro de 2021, Francisco faz a catequese sobre a *oração de louvor*, afirmando que "ao louvar somos salvos". No dia 13 de fevereiro de 2021, aborda o tema *Rezar na liturgia*, superando um Cristianismo intimista: "Não existe espiritualidade cristã que não esteja enraizada na celebração dos mistérios sagrados". No dia 10 de fevereiro, é a vez em que Francisco desenvolve o tema *Rezar na vida cotidiana*: "Hoje encontro a Deus. Existe sempre o hoje do encontro". No dia 19 de maio, a audiência de Francisco trata das *distrações, da aridez, da acídia*: "Jesus repete com frequência: 'Vigiai'".

IV
Orações ao alcance de todos

MISTÉRIOS DO ROSÁRIO

A oração do terço é uma das mais populares e queridas pelos cristãos. Coloca-nos em comunhão com a Igreja em oração. Ao rezá-lo, somos chamados a contemplar a vida de Cristo através dos mistérios e a cultivar a devoção a Maria, que, como está escrito em Lucas 2,19, "guardava todas essas coisas, meditando-as em seu coração". São João Paulo II dizia: "O Rosário acompanhou-me nos momentos de alegria e nas provações. A ele confiei tantas preocupações; nele encontrei sempre conforto". O Papa Francisco afirma: "Rezar o terço parece pouco aos olhos dos homens, mas muito aos olhos de Deus... Deus ama o que é pequeno".

Mistérios da alegria (gozosos) – Segundas-feiras e sábados

1º – O Anjo anuncia a Maria o nascimento de Jesus (Lc 1,26-28.30-31).

2º – Maria, serva do Senhor, visita sua prima Isabel (Lc 1,39-40.41b-42.45).

3º – Jesus, o Filho de Deus, nasce da Virgem Maria (Lc 2,1.4a.6-7).

4º – Maria e José apresentam Jesus no Templo (Lc 2,22b.25a.27-28).

5º – Maria e José encontram Jesus no Templo entre os doutores (Lc 2,41-42.46.49-52).

Mistérios da luz (luminosos) – Quintas-feiras

1º – Jesus é batizado por João Batista no Rio Jordão (Mt 3,3-17).

2º – Jesus, presente na festa de casamento, em Caná, transforma a água em vinho (Jo 2,1-5).

3º – Jesus anuncia o Reino de Deus (Mc 1,14-15).

4º – Jesus se transfigura diante dos discípulos (Mt 17,1-2).

5º – Jesus, durante a última ceia, institui a Eucaristia (Mt 26,26).

Mistérios da dor (dolorosos) – Terças e sextas-feiras

1º – Jesus ora e entra em agonia no Horto das Oliveiras (Lc 22,44).

2º – Jesus é flagelado pelos soldados, preso a uma coluna (Mt 27,26).

3º – Jesus é coroado de espinhos (Mt 27,28-29).

4º – Jesus carrega a cruz no caminho do Calvário (Jo 19,17-18).

5º – Jesus é crucificado e morre na cruz (Jo 19,25.30).

Mistérios da glória (gloriosos) – Quartas-feiras e domingos

1º – Jesus é ressuscitado e vivo (Lc 24,1-6a.9).

2º – Jesus é elevado ao céu e senta à direita de Deus (Mc 16,19).

3º – O Espírito Santo desce sobre Maria e os apóstolos (Jo 20,19.22).

4º – A Páscoa de Maria em sua assunção ao céu (Lc 1,46-50).

5º – Maria é nossa Mãe e Rainha do céu e da terra (Ap 12,1-2.5).

ANGELUS

Em nome do Pai, do Filho e do Espírito Santo. Amém.

O Anjo do Senhor anunciou a Maria – e ela concebeu do Espírito Santo.

Eis aqui a serva do Senhor! – Faça-se em mim conforme a vossa palavra!

E o Verbo Divino se fez Homem – e habitou entre nós.

Oração: Infundi, Senhor, a vossa graça em nossos corações, para que, conhecendo pela anunciação do Anjo a encarnação de Jesus Cristo, vosso Filho, cheguemos pela sua paixão e morte na cruz à glória da ressurreição. Por Cristo, Senhor nosso. Amém.

PAI-NOSSO

Pai nosso que estais nos céus, santificado seja o vosso nome, venha a nós o vosso Reino, seja feita a vossa vontade, assim na terra como no céu. O pão nosso de cada dia nos dai hoje; e perdoai-nos as nossas ofensas, assim como nós perdoamos a quem nos tem ofendido. Não nos deixeis cair em tentação. Mas livrai-nos do mal. Amém.

AVE-MARIA

Ave, Maria, cheia de graça, o Senhor é convosco; bendita sois vós entre as mulheres e bendito é o fruto do vosso ventre, Jesus. Santa Maria, Mãe de Deus, rogai por nós, pecadores, agora e na hora de nossa morte. Amém.

GLÓRIA

Glória ao Pai, ao Filho e ao Espírito Santo! Como era no princípio, agora e sempre. Amém.

CREIO

Creio em Deus Pai todo-poderoso, criador do céu e da terra. E em Jesus Cristo, seu único Filho, nosso Senhor, que foi concebido pelo poder do Espírito Santo; nasceu da Virgem Maria; padeceu sob Pôncio Pilatos, foi crucificado, morto e sepultado; desceu à mansão dos mortos; ressuscitou ao terceiro dia; subiu aos céus, está sentado à direita de Deus Pai, todo-poderoso, donde há de vir a julgar os vivos e os mortos. Creio no Espírito Santo, na Santa Igreja Católica, na comunhão dos santos, na remissão dos pecados, na ressurreição da carne, na vida eterna. Amém.

SALVE-RAINHA

Salve, Rainha, Mãe de misericórdia, vida, doçura e esperança nossa, salve! A vós bradamos, degredados filhos de Eva, a vós suspiramos, gemendo e chorando, neste vale de lágrimas. Eia, pois, Advogada nossa, esses vossos olhos misericordiosos a nós volvei e depois deste desterro mostrai-nos Jesus, bendito fruto do vosso ventre, ó clemente, ó piedosa, ó doce sempre virgem Maria! Rogai por nós, santa Mãe de Deus! Para que sejamos dignos das promessas de Cristo.

ATO DE CONTRIÇÃO

Meu Jesus, crucificado por minha culpa, estou muito arrependido de ter pecado, pois ofendi a vós, que sois tão bom, e mereci ser castigado neste mundo e no outro. Mas perdoai-me, Senhor, não quero mais pecar. Amém.

ATO DE CONTRIÇÃO

Meu Deus, eu me arrependo de todo o meu coração de vos ter ofendido, porque sois bom e amável. Prometo, com vossa graça, esforçar-me para não mais pecar. Meu Jesus, misericórdia! Amém.

ATO DE CONTRIÇÃO

Levantar-me-ei, irei a meu Pai e lhe direi: "Pequei contra o céu e contra ti. Ó Deus, tem piedade de mim, que sou um pecador!".

TARDE TE AMEI (SANTO AGOSTINHO)

Tarde te amei, ó Beleza tão antiga e sempre nova! Tarde te amei! Eis que estavas dentro, e eu fora – e fora te buscava e me lançava, disforme e nada belo, perante a beleza de tudo e de todos que criaste. Estavas comigo, e eu não estava contigo. Seguravam-me longe de ti as coisas que não existiram senão em ti. Chamaste, clamaste por mim e rompeste a minha surdez. Brilhaste, resplandeceste e a tua luz afugentou minha cegueira. Exalaste o teu perfume e, respirando-o, suspirei por ti e te desejei. Eu te provei, te saboreei e, agora, tenho fome e sede de ti. Tocaste-me e agora ardo em desejos por tua paz! Amém.

ORAÇÃO PARA AS HORAS DIFÍCEIS (SANTO AGOSTINHO)

Ó Deus da vida, há dias em que a carga nos desgasta os ombros e nós nos sentimos desfalecer; há dias em que o caminho parece monótono e interminável, o céu cinzento e ameaçador; há dias em que nossa vida carece de música, nosso coração está solitário e nossa alma perdeu a coragem. Inunda o caminho com tua luz, nós te suplicamos; dirige o nosso olhar para onde o céu estiver cheio de promessas. Amém.

ORAÇÃO DE PROTEÇÃO CONTRA O INIMIGO (SÃO BENTO)

A cruz sagrada seja minha luz. Não seja o dragão meu guia. Retira-te, Satanás! Nunca me aconselhes coisas vás. É mau o que tu me ofereces, bebe tu mesmo do teu veneno!

ORAÇÃO PARA ENCONTRAR PAZ E SERENIDADE (SÃO BENTO)

Ó Pai, em tua bondade, dá-me a inteligência para compreender a ti, a percepção para discernir a ti e a razão para apreciar a ti. Na tua bondade, doa-me diligência para buscar a ti, sabedoria para encontrar-te e espírito para aprender de ti. Em tua graça, concede-me coração para contemplar, ouvidos para ouvir, olhos para ver e língua para falar de ti. Na tua misericórdia, confere em mim uma conversa que agrada a ti, paciência para esperar, perseverança para ansiar por ti. Concede-me um fim perfeito e tua presença santa. Eu peço isso em nome do teu Filho, Nosso Senhor Jesus Cristo. Amém.

ORAÇÃO DE SÃO FRANCISCO DE ASSIS

Grande e magnífico Deus e meu Senhor Jesus Cristo, iluminai as trevas do meu espírito, concedei-me uma fé verdadeira, uma esperança firme, um amor perfeito, uma humildade profunda, um sentimento reto. Fazei, Senhor, que eu vos conheça, para que em todas as coisas possa seguir a vossa verdadeira e santíssima vontade!

ORAÇÃO PELA PAZ
(SÃO FRANCISCO DE ASSIS)

Senhor, fazei de mim um instrumento de vossa paz. Onde houver ódio, que eu leve o amor; onde houver ofensa, que eu leve o perdão; onde houver discórdia, que eu leve a união; onde houver dúvida, que eu leve a fé; onde houver erro, que eu leve a verdade; onde houver desespero, que eu leve a esperança; onde houver tristeza, que eu leve alegria; onde houver trevas, que eu leve a luz. Ó Mestre, fazei que eu procure mais: consolar do que ser consolado; compreender do que ser compreendido; amar do que ser amado; porque é dando que se recebe; é perdoando que se é perdoado, e é morrendo que se vive para a vida eterna!

CÂNTICO DAS CRIATURAS (SÃO FRANCISCO DE ASSIS)

Altíssimo, onipotente, bom Senhor, teus são o louvor, a glória, a honra e toda a bênção. Louvado sejas, meu Senhor, com todas as tuas criaturas, especialmente o senhor irmão sol, que clareia o dia e com sua luz nos alumia. E ele é belo e radiante, com grande esplendor: de ti, Altíssimo, é a imagem. Louvado sejas, meu Senhor, pela irmã lua e as estrelas, que no céu formaste claras, preciosas e belas. Louvado sejas, meu Senhor, pela irmã água, que é muito útil, humilde, preciosa e casta. Louvado sejas, meu Senhor, pela nossa irmã, a mãe terra, que nos sustenta e governa. Louvado sejas, meu Senhor, pelos que perdoam em teu nome. Bem-aventurados os que promovem a paz, que por ti, Altíssimo, serão abençoados. Louvai e bendizei a meu Senhor, e dai-lhe graças, e servi-o com grande humildade!

BÊNÇÃO DE SANTA CLARA

O Senhor te abençoe e te proteja! Faça resplandecer sobre ti o seu olhar e te dê a paz. Derrame sobre ti as suas bênçãos e no céu te coloque entre os santos e santas. O Senhor esteja sempre contigo e que tu estejas sempre com ele. Amém.

ORAÇÃO PARA ABRIR CAMINHOS (SANTA CLARA)

Ó Santa Clara, por teu amor à infância de Jesus, pedimos proteção para nossas famílias. Por teu amor à paixão de Jesus, alcança-nos a força e a coragem na provação. Por teu amor à Igreja, ajuda-nos a crescer na fé, na esperança e na caridade. Por teu amor aos irmãos e irmãs, alcança-nos a graça da fraternidade. Por teu amor à oração, ajuda-nos a encontrar o Senhor. Por teu amor à pobreza, aproxima-nos do tesouro do Reino escondido. Amém.

ORAÇÃO DE SANTO ANTÔNIO

Senhor Jesus, nós te rogamos que nos unas a teu amor e ao amor do próximo, a fim de, com este amor, sermos capazes de te amar com todo o coração, isto é, fortemente; com toda a alma, isto é, sabiamente; com todas as forças e com todo o espírito, isto é, docemente, a fim de não sermos seduzidos e afastados do teu amor e sermos capazes de amar o próximo como a nós mesmos. Ajuda-nos tu, que és bendito pelos séculos dos séculos. Amém (13º sermão de Pentecostes).

ORAÇÃO DE SANTO ANTÔNIO

Senhor, olha para mim e tem compaixão de mim, porque me vejo só e pobre. Olha o meu abatimento e para o meu trabalho e perdoa todos os meus pecados, meu Deus! Olha para mim com olhar de misericórdia, tu que olhaste para Pedro. Tem compaixão de mim, perdoando-me os pecados, porque me vejo só, para que tu acompanhes o único e solitário. Sinto-me pobre e vazio, para que tu preenchas o vazio do meu coração. Amém (3º sermão de Pentecostes).

RESPONSÓRIO (SANTO ANTÔNIO)

Se milagres desejais contra os males e os demônios, recorrei a Santo Antônio e não falhareis jamais. Pela sua intercessão, foge a peste, o erro e a morte. Quem é fraco, fica forte, mesmo o enfermo fica são. Rompem-se as mais vis prisões; recupera-se o perdido; cede o mar embravecido no maior dos furacões. Penas mil e humanos ais se moderam, se retiram. Isto diga os que viram, os paduanos e outros mais. Rogai por nós, Santo Antônio, para que sejamos dignos das promessas de Cristo.

ORAÇÃO A SANTO ANTÔNIO PARA OS NAMORADOS

Meu grande amigo Santo Antônio, tu que és protetor dos namorados, olha para mim, para minha vida, para meus anseios. Defende-me dos perigos, afasta de mim os fracassos, as desilusões, os desencantos. Faze que eu seja realista, confiante, digno e alegre. Que eu encontre um namorado digno, responsável e virtuoso. Que eu saiba caminhar para o futuro e para a vida a dois com as disposições de quem recebeu de Deus uma vocação sagrada e um dever social. Que meu namoro seja sério e meu amor, sincero. Que todos os namorados busquem a mútua compreensão, a comunhão de vida e o crescimento no amor e na fé. Amém.

ORAÇÃO A SANTO ANTÔNIO PARA ALCANÇAR UMA GRAÇA

Com esperança, amor e fé, eu te saúdo, Santo Antônio, e venho a ti! Intercede por mim junto a Nosso Senhor Jesus Cristo, a fim de que ele me conceda a graça que preciso *(pedir a graça)*. Eu te peço, meu amigo Santo Antônio, pela firme confiança que tenho em Deus, a quem serviste fielmente. Eu te peço pelo amor do Menino Jesus que carregas em teu braço. Eu te peço por todos os favores que Deus te concedeu neste mundo, pelos inúmeros prodígios que ele realizou e continua realizando, diariamente, por tua intercessão. Amém.

NADA TE PERTURBE (SANTA TERESA D'ÁVILA)

Nada te perturbe, nada te espante. Tudo passa. Deus não muda, a paciência tudo alcança. A quem tem Deus, nada falta! Só Deus basta! Eleva o pensamento. Ao céu sobe. Por nada te angusties. Nada te perturbe!

ORAÇÃO AGRADECENDO A LIBERDADE (SANTA TERESA D'ÁVILA)

Bendito seja Deus para sempre, por me ter dado, num instante, a liberdade que eu, com todos os esforços que fiz por muitos anos, não pude alcançar sozinha, tendo chegado, muitas vezes, a ponto de me exaurir tanto que abalava a própria saúde. Como foi dada por aquele que é poderoso e Senhor verdadeiro de tudo, essa liberdade não me causou nenhum sofrimento (*Livro da vida* 24,8).

ORAÇÃO DO ABANDONO
(CHARLES DE FOUCAULD)

Meu Pai, a vós me abandono: fazei de mim o que quiserdes! O que de mim fizerdes, eu vos agradeço. Estou pronto para tudo, aceito tudo, contanto que a vossa vontade se faça, em mim e em todas as vossas criaturas. Não quero outra coisa, meu Deus. Entrego a minha vida em vossas mãos, eu vo-la dou, meu Deus, com todo o amor do meu coração, porque eu vos amo. E porque é para mim uma necessidade de amor, dar-me, entregar-me em vossas mãos sem medida, com infinita confiança, porque sois meu Pai. Amém.

ORAÇÃO DO COMUNICADOR
(TIAGO ALBERIONE)

Ó Deus, que, para comunicar vosso amor aos homens, enviastes vosso Filho, Jesus Cristo, e o constituístes Mestre, Caminho, Verdade e Vida da humanidade. Concedei-nos a graça de utilizar os meios de comunicação social – imprensa, cinema, rádio, audiovisuais – para a manifestação da vossa glória e a promoção das pessoas. Suscitai vocações para essa multiforme missão. Inspirai os homens de boa vontade a colaborarem com a oração, a ação e o auxílio material, para que a Igreja anuncie o Evangelho a todos os homens, por meio destes instrumentos. Amém.

ORAÇÃO PEDINDO SAÚDE (TIAGO ALBERIONE)

Divino Espírito Santo, criador e renovador da minha vida. Com Maria Santíssima, eu vos adoro, agradeço e amo! Vós, que dais vida a todos do universo, conservai em mim a saúde. Livrai-me de toda doença e de todo mal! Ajudado com a vossa graça, quero usar sempre a minha saúde, empregando minhas forças para a glória de Deus, para o bem do meu próximo e meu próprio bem. Peço-vos ainda que ilumineis, com vossos dons de sabedoria e ciência, os médicos e todos os que se ocupam dos doentes, para que conheçam a verdadeira causa dos males que destroem ou ameaçam a vida e para que possam aplicar os remédios mais eficazes para defender a vida e curá-la. Virgem Santíssima, Mãe da vida e saúde dos enfermos, sede mediadora nesta minha humilde oração. Vós, que sois a Mãe de Deus e nossa Mãe, intercedei por mim! Amém.

QUANDO REZAVA POR ALGUÉM (SÃO PIO DE PIETRELCINA)

Ó meu Jesus, que dissestes: "Pedi e recebereis, buscai e encontrareis, batei e a porta vos será aberta", eis-me aqui, confiante em vossas palavras. Busco e peço a graça *(fazer o pedido)*. Rezar: Pai-Nosso, Ave-Maria e Glória. "Sagrado Coração de Jesus, espero e confio em vós!" Ó meu Deus, que dissestes: "Tudo o que pedirdes ao Pai em meu nome, ele vos concederá". Eis-me aqui, Pai eterno, e em vosso nome peço a graça de que necessito. Rezar: Pai-Nosso, Ave-Maria e Glória. "Sagrado Coração de Jesus, espero e confio em vós!" Ó Sagrado Coração de Jesus, que sempre tendes compaixão pelos que sofrem, tende piedade de nós, pecadores, e concedei-nos as graças que pedimos, em nome do Imaculado Coração de Maria, nossa Mãe, e de São José, seu esposo. Rogai por nós! Amém.

FICA COMIGO, SENHOR! (SÃO PIO DE PIETRELCINA)

Senhor, fica comigo, preciso de tua presença. Sou fraco e preciso de tua força para não cair. Fica comigo, porque és minha vida e minha luz, porque sem ti reina a escuridão e a morte. Fica comigo, Senhor, para que eu ouça tua voz e te siga. Fica comigo, Senhor, porque o dia passa e a noite vem chegando. Fica comigo para renovar minhas energias e não parar no caminho. Faze, Senhor, que eu te reconheça como te reconheceram teus discípulos ao partir do pão. Que a comunhão eucarística seja a força a me sustentar e que eu possa amar-te sempre mais aqui na terra, para continuar a te amar perfeitamente por toda a eternidade. Amém.

ORAÇÃO A SÃO PIO DE PIETRELCINA (SÃO JOÃO PAULO II)

Ó São Pio, ensina-nos, nós te pedimos, a humildade de coração, para que possamos ser contados entre os pequeninos do Evangelho, a quem o Pai prometeu revelar os mistérios do seu Reino. Ajuda-nos a orar sem cessar, confiantes de que Deus sabe do que precisamos, antes mesmo de pedirmos a ele. Obtém para nós um olhar de fé, para reconhecermos nos pobres e sofredores o rosto de Jesus. Sustenta-nos na hora do combate e do julgamento. E, se cairmos, ajuda-nos a experimentar a alegria do sacramento do Perdão. Concede-nos a tua terna devoção a Maria, a Mãe de Jesus e nossa Mãe. Acompanha-nos em nossa peregrinação terrena, em direção à pátria celeste, onde esperamos chegar a contemplar para sempre a glória do Pai, do Filho e do Espírito Santo. Amém.

ORAÇÃO DE INTERCESSÃO A SÃO PIO DE PIETRELCINA

Ó Deus, que a São Pio de Pietrelcina, frei e sacerdote capuchinho, concedeste o privilégio de participar, de modo admirável, da paixão de teu Filho, concede-me, por sua intercessão, a graça que tanto desejo *(fazer o pedido)*. Aumenta a minha fé, para que, em Cristo, cultive a compaixão pelos que sofrem; fortalece minha esperança para que jamais desista de fazer o bem; incentiva a minha caridade para alcançar a glória da ressurreição. Amém.

QUEM SOU EU? (DIETRICH BONHOEFFER)

Senhor, quem sou eu? Seguidamente me dizem que deixo a minha cela sereno, alegre e firme, qual dono que sai do seu castelo. Quem sou eu? Seguidamente me dizem que falo com os que me aguardam livre, amável e com clareza, como se fosse eu a mandar. Quem sou eu? Também me dizem que suporto os dias do infortúnio impassível, sorridente e altivo, como alguém acostumado a vencer. Senhor, quem sou eu, em angústia impotente pela sorte de amigos distantes, cansado e vazio até para orar, para pensar, para criar, desanimado e pronto para me despedir? Quem quer que eu seja, ó Deus, tu me conheces, *sou teu*.

ORAÇÃO DIANTE DE UMA DIFICULDADE ESPECIAL (DIETRICH BONHOEFFER)

Senhor Deus, uma grande desgraça me sobreveio. Minhas preocupações estão me esmagando, não sei mais o que fazer. Ó Deus, sê misericordioso e ajuda-me. Dá a força para suportar o que envias. Não permitas que o medo me domine. Cuida como um Pai das pessoas que me são caras, especialmente da mulher e das crianças. Protege-as com a tua poderosa mão de todo o mal e de todo o perigo. Misericordioso Deus, perdoa-me todo o pecado que cometi contra ti e contra as pessoas. Confio na tua graça e entrego minha vida totalmente em tuas mãos. Procede comigo como for do teu agrado e como for bom para mim. Na vida ou na morte, estou contigo e tu estás comigo, meu Deus. Senhor, eu espero pela tua salvação e pelo teu Reino, sem desanimar. Amém.

ORAÇÃO A DOM HELDER CAMARA, PEDINDO GRAÇAS

Ó Deus de amor e misericórdia, que destes à Igreja o Bispo Dom Helder Camara, nós vos agradecemos pelo dom de sua vida e vos bendizemos por suas virtudes. Exercendo o seu ministério em favor da justiça e da paz e dedicando sua missão à causa dos pobres, ele imitou o Bom Pastor que deu a vida por suas ovelhas. Vós que prometestes glorificar aqueles que vos servirem, dignai-vos glorificá-lo com a honra dos altares e, por sua intercessão, dai-nos a graça que vos suplicamos *(fazer o pedido em silêncio)*. Fazei que, seguindo o seu exemplo, possamos testemunhar o vosso amor e a vossa misericórdia, junto aos nossos irmãos e irmãs. Por

Nosso Senhor Jesus Cristo, vosso Filho, na unidade do Espírito Santo. Amém.

MISSÃO É PARTIR (DOM HELDER)

Senhor, missão é partir, caminhar, deixar tudo, sair de si, quebrar o gelo do egoísmo que nos fecha em nosso eu. Missão é pararmos de dar a volta ao redor de nós mesmos, como se fôssemos o centro do mundo e da vida. Senhor, fazei que não nos deixemos bloquear nos problemas do pequeno mundo a que pertencemos: a humanidade é maior. Missão é partir; é, sobretudo, abrir-se aos outros como irmãos, descobri-los e encontrá-los. Para isso, é preciso atravessar os mares e voar lá nos céus. Então, missão é partir até os confins do mundo. Amém.

QUANDO NÃO SENTE A PRESENÇA DE DEUS (SANTA TERESA DE CALCUTÁ)

Meu Jesus, faz comigo o que quiseres, enquanto quiseres, sem mesmo um olhar para os meus sofrimentos e minha dor. Sou tua! Imprime na minha alma e na minha vida os sofrimentos do teu coração. Não te importes sequer com a minha dor. Se a minha distância de ti levar outros a ti, no teu amor e na tua companhia, e encontrares alegria e agrado, estou disposta com todo o meu coração a sofrer tudo o que sofro... Tua felicidade é tudo o que eu quero. Quanto ao resto, por favor, não te incomodes, mesmo que me vejas cair de dor. Tudo isso é minha vontade; quero saciar a tua sede com cada gota de sangue que possas encontrar em mim. Não quero fazer-te mal, de maneira alguma. Tira de mim o poder de te magoar!

ORAÇÃO DA SOLIDARIEDADE CRISTÃ (SANTA TERESA DE CALCUTÁ)

Senhor, quando eu tiver fome, dá-me alguém que necessite de comida. Quando tiver sede, dá-me alguém que necessite de água. Quando sentir frio, dá-me alguém que necessite de calor. Quando tiver um aborrecimento, dá-me alguém que necessite de consolo. Quando minha cruz parecer pesada, deixa-me compartilhar a cruz do outro. Quando me achar pobre, põe ao meu lado alguém necessitado. Quando não tiver tempo, dá-me alguém que precise de alguns dos meus minutos. Quando sofrer humilhação, dá-me ocasião para elogiar alguém. Quando estiver desanimada, dá-me alguém para lhe dar coragem. Quando sentir necessidade de compreensão dos outros, dá-me alguém que necessite da minha. Quando sentir necessidade de alguém que cuide de mim, dá-me alguém que eu tenha que atender. Quando eu pensar em mim mesma, volta a minha atenção para outra pessoa. Torna-nos dignos, Senhor, de servir nossos irmãos que vivem e morrem pobres e com fome no mundo de hoje. Dá-lhes, por meio de nossas mãos, o pão de cada dia. Graças ao nosso amor compassivo, dá-lhes paz e alegria. Amém.

ORAÇÃO A SANTA DULCE DOS POBRES

Senhor, nosso Deus, lembrados de vossa filha, Santa Dulce dos Pobres e excluídos, nós vos pedimos: dai-nos idêntico amor pelos necessitados; renovai nossa fé e nossa esperança e concedei-nos, a exemplo dessa vossa filha, viver como irmãos e irmãs, buscando diariamente a santidade, para sermos autênticos discípulos missionários de vosso Filho Jesus. Amém.

ORAÇÃO AO MENINO JESUS (JOÃO XXIII)

Doce Menino de Belém, fazei que acolhamos com toda a alma este mistério do Natal. Colocai no coração das pessoas essa paz que buscam, às vezes com tanta violência, e que somente vós podeis dar. Ajudai-as a conhecer-se melhor e a viver fraternalmente, como filhos e filhas do mesmo Pai. Mostrai-lhes também vossa beleza, vossa santidade e vossa pureza. Despertai em seu coração o amor e a gratidão à vossa infinita bondade. Uni-a em vossa caridade e dai a todos nós vossa paz celestial. Amém.

ORAÇÃO NA ABERTURA DO CONCÍLIO VATICANO II (JOÃO XXIII)

Deus poderoso, em vós colocamos toda a nossa esperança, desconfiando das nossas forças. Olhai benigno estes pastores da vossa Igreja. Que a luz da vossa graça sobrenatural nos ajude a tomar as decisões e a fazer leis, e ouvi todas as orações que vos dirigimos com unanimidade de fé, de palavra e de espírito. Ó Maria, auxílio dos cristãos, disponde todas as coisas para um feliz resultado e, juntamente com vosso esposo São José, com os santos apóstolos São Pedro e São Paulo, com São João Batista e São João Evangelista, intercedei por nós junto a Deus. A Jesus Cristo, amabilíssimo Redentor nosso, Rei imortal dos povos e do tempo, amor, poder e glória pelos séculos dos séculos. Amém.

ORAÇÃO AO ESPÍRITO SANTO (PAULO VI)

Ó Espírito Santo, dai-me um coração grande, aberto à vossa silenciosa e forte palavra inspiradora, fechado a todas as ambições mesquinhas, alheio a qualquer desprezível competição humana, compenetrado do sentido da Santa Igreja! Um coração grande, desejoso de tornar-se semelhante ao coração do Senhor Jesus! Um coração grande e forte para amar a todos, para servir a todos, para sofrer por todos! Um coração grande e forte para superar todas as provações, todo tédio, todo cansaço, toda desilusão, toda ofensa! Um coração grande e forte, constante até o sacrifício, quando for necessário! Um coração cuja felicidade é palpitar com o coração de Cristo e cumprir humilde, fiel e virilmente a vontade do Pai! Amém.

ORAÇÃO VOCACIONAL (PAULO VI)

Jesus, Mestre Divino, que chamastes os apóstolos para vos seguirdes, continuai a passar pelos nossos caminhos, pelas nossas famílias, pelas nossas escolas. E continuai a repetir o convite a muitos de nossos jovens. Dai coragem às pessoas convidadas, dai forças para que vos sejam fiéis, como apóstolos leigos, como sacerdotes, como religiosos e religiosas, para o bem do povo de Deus e de toda a humanidade. Amém.

ORAÇÃO PARA PEDIR CHUVA (PAULO VI)

Deus, nosso Pai, Senhor do céu e da terra, tu és para nós existência, energia e vida. Criaste o ser humano à tua imagem e semelhança, a fim de que, com o seu trabalho, faça frutificar as riquezas da terra, colaborando, assim, na tua criação. Temos consciência de nossa miséria e fraqueza: nada podemos fazer sem ti. Tu, Pai bondoso, que sobre todos fazes brilhar o sol e cair a chuva, tenhas compaixão de todos os que sofrem duramente pela seca que nos ameaça. Escuta, com bondade, as orações que te são dirigidas com confiança pela tua Igreja, como satisfizeste as súplicas do profeta Elias, que intercedia em favor do teu povo. Faz cair do céu sobre a terra árida a chuva desejada, a fim de que cresçam os frutos e sejam salvos homens e animais. Que a chuva seja para nós o sinal da tua graça e da tua bênção: assim, reconfortados pela tua misericórdia, dar-te-emos graças por todos os dons da terra e do céu, com os quais o teu Espírito satisfaz a nossa sede. Por Jesus Cristo, teu Filho, que nos revelou o teu amor, fonte de água viva que brota para a vida eterna. Amém.

ORAÇÃO DA PAZ (PAULO VI)

Senhor, Deus da paz, tu que criaste os homens e mulheres para serem herdeiros da tua glória, nós te bendizemos e agradecemos porque nos enviastes Jesus, teu Filho amado. Tu fizeste dele, no mistério da sua Páscoa, o realizador da nossa salvação, a fonte de toda a paz, o laço de toda a fraternidade. Agradecemos pelos desejos, esforços e realizações que teu Espírito de paz suscitou em nossos dias, para substituir o ódio pelo amor, a desconfiança pela compreensão, a indiferença pela solidariedade. Abre mais ainda nosso espírito e nosso coração para as exigências concretas do amor a todos os irmãos e irmãs, para que sejamos, cada vez mais, artífices da paz. Lembra-te, ó Pai, de todos os que lutam, sofrem e morrem para o nascimento de um mundo mais fraterno. Que para as pessoas de todas as raças e línguas venha o teu Reino de justiça, de paz e de amor. Amém.

ORAÇÃO PEDINDO FÉ (PAULO VI)

Senhor, faze que minha fé seja plena, sem reservas, e que tome conta de minha inteligência e de meu modo de julgar as realidades divinas e humanas. Senhor, que minha fé seja livre e uma adesão pessoal. Senhor, que minha fé seja certa, pela coerência exterior dos motivos e pelo testemunho interior do Espírito Santo. Senhor, faze que a minha fé seja forte, que não tema as contradições, que não tema a oposição de quem a questiona e ataca, de quem a rejeita e a nega. Senhor, faze que minha fé seja tranquila e que dê, ao meu espírito, paz e alegria, gosto pela oração com Deus e pela convivência com as pessoas... Senhor, faze que minha fé seja operante e dê à caridade os motivos de sua atuação. Senhor, faze que minha fé seja humilde e não pretenda apoiar-se na experiência do meu pensamento, mas que se entregue ao testemunho do Espírito Santo. Amém.

ORAÇÃO A CRISTO (PAULO VI)

Ó Cristo, nosso único mediador, tu és necessário para entrarmos em comunhão com Deus Pai, para nos tornarmos contigo, que és Filho único e Senhor nosso, seus filhos adotivos, para sermos regenerados pelo Espírito Santo. Tu és necessário, ó único Mestre das verdades indispensáveis da vida, para conhecermos o nosso ser e o nosso destino, e o caminho para o conseguirmos.

Tu és necessário, ó Redentor nosso, para descobrirmos a nossa fragilidade e para a curarmos, para termos o conceito do bem e do mal e a esperança da santidade, para superarmos os nossos pecados e para obter-nos o perdão. Tu és necessário, ó irmão primogênito da humanidade, para encontrarmos as razões verdadeiras da fraternidade entre os homens, os fundamentos da justiça, os tesouros da caridade, o sumo bem e a paz. Tu és necessário, ó grande paciente das nossas dores, para conhecermos o sentido do sofrimento e para lhe darmos um valor de redenção. Tu és necessário, ó vencedor da morte, para nos libertarmos do desespero e da negação e para termos as certezas que nunca desiludem. Tu és necessário, ó Cristo, ó Senhor, ó Deus conosco, para aprendermos o amor verdadeiro e para caminharmos na alegria e na força da tua caridade, ao longo do caminho de nossa vida, até o encontro definitivo contigo, amado, esperado e bendito nos séculos. Amém.

ORAÇÃO DE MARAVILHAMENTO DIANTE DE DEUS (JOÃO PAULO I)

Senhor, eu te devo tudo! Senhor, tu és grandíssimo e eu, diante de ti, sou pequeníssimo. Não tenho vergonha de dizê-lo. E farei de bom grado o que me pedires. Ainda mais porque não pedes nada em troca, mas somente dás. Não pedes para proveito teu, mas para meu bem. Amém.

ORAÇÃO A SÃO FRANCISCO (JOÃO PAULO II)

Ó São Francisco, estigmatizado do monte Alverne, o mundo tem saudade de ti, qual imagem de Jesus crucificado. Tem necessidade do teu coração aberto para Deus e para o homem, dos teus pés descalços e feridos, das tuas mãos transpassadas e suplicantes. Tem saudade de tua voz fraca, mas forte pelo poder do Evangelho. Ajuda, Francisco, os homens de hoje a reconhecerem o mal do pecado e a procurarem a sua purificação na penitência. Ajuda-os a libertarem-se das próprias estruturas de pecado, que oprimem a sociedade de hoje. Reaviva na consciência dos governantes a urgência da paz nas nações e entre os povos. Infunde nos jovens o teu vigor de vida, capaz de contrastar as insídias das múltiplas culturas da morte. Aos ofendidos por toda espécie de maldade, comunica, Francisco, a tua alegria de saber perdoar. A todos os crucificados pelo sofrimento, pela fome e pela guerra, reabre as portas da esperança. Amém.

CONSAGRAÇÃO AO IMACULADO CORAÇÃO DE MARIA (JOÃO PAULO II)

Ó Mãe de Cristo, acolhei este clamor de esperança da humanidade. Fazei que se revele, uma vez mais, na história do mundo, a força infinita do Amor misericordioso. Ó Mãe, que conheceis as ansiedades e as preocupações de vossos filhos, intercedei pela paz no mundo, pela paz entre os povos. Mãe da Igreja, iluminai o povo de Deus nos caminhos da fé, da esperança e da caridade! Vós, que conheceis nossas lutas entre o bem e o mal, entre a luz e as trevas, acolhei nosso clamor que elevamos ao vosso coração de Mãe. Abraçai com amor este nosso mundo humano que vos confiamos e consagramos. Amém.

ORAÇÃO A NOSSA SENHORA APARECIDA (JOÃO PAULO II)

Mãe de Deus e nossa, protegei a Igreja, o Papa, os bispos, os sacerdotes e todo o povo fiel; acolhei sob o vosso manto protetor os religiosos, religiosas, as famílias, as crianças, os jovens e seus educadores. Saúde dos Enfermos e Consoladora dos Aflitos, sede conforto dos que sofrem no corpo ou na alma; sede luz dos que procuram a Cristo, Redentor do homem. A todos os homens, mostrai que sois a Mãe de nossa confiança. Rainha da paz e espelho de justiça, alcançai para o mundo a paz. Fazei que o Brasil tenha paz duradoura, que todos convivam sempre como irmãos e irmãs, como filhos de Deus. Nossa Senhora Aparecida, abençoai este Santuário e os que nele trabalham; abençoai este povo que aqui ora e canta; abençoai todos os vossos filhos; abençoai o Brasil. Amém.

CAMINHA CONOSCO (BENTO XVI)

Senhor Jesus, peregrino de Emaús, tu caminhas ao nosso lado por amor. Mesmo se tantas vezes o desalento e a tristeza não nos deixam descobrir a tua presença, tu estás conosco. Tu és a chama que reaviva a nossa fé. Tu és a luz que reacende a nossa esperança. Tu és a força que anima nossa caridade. Ensina-nos a reconhecer-te na Palavra, na casa e na mesa, onde partilhas o pão da vida, no serviço generoso ao próximo que sofre. E, ao cair da noite, ajuda-nos a dizer: "Fica conosco, Senhor!". Amém.

ORAÇÃO PELA FAMÍLIA (BENTO XVI)

Fica conosco, Senhor, acompanha-nos, mesmo se nem sempre te soubemos reconhecer. Porque se vão tornando mais densas à nossa volta as sombras, e tu és a nossa luz; em nossos corações, insinua-se o desespero, e tu os fazes arder com a esperança da Páscoa. Fica, Senhor, com nossas famílias, ilumina-as nas suas dúvidas, ampara-as nas suas dificuldades, conforta-as nos seus sofrimentos e na fadiga cotidiana. Tu, que és a Vida, permanece em nossos lares para que continuem a ser berços onde nasce a vida humana abundante e generosamente, onde se acolhe, se ama e se respeita a vida, desde a sua concepção até o seu fim natural. Amém.

ORAÇÃO POR UMA IGREJA VIVA (BENTO XVI)

Senhor Jesus Cristo, Caminho, Verdade e Vida, rosto humano de Deus e rosto divino do homem, acendei em nossos corações o amor ao Pai que está no céu e a alegria de sermos irmãos. Vinde ao nosso encontro e guiai os nossos passos, para seguir-vos e amar-vos na comunhão da vossa Igreja, celebrando o dom da Eucaristia e carregando a nossa cruz. Dai-nos sempre o fogo de vosso Espírito Santo. Que ilumine as nossas mentes e desperte entre nós o desejo de contemplar-vos e de servir aos irmãos, especialmente aos que de nós mais necessitam. Como discípulos e missionários vossos, queremos remar mar adentro, para que vossos povos tenham em vós vida abundante e construam com solidariedade a fraternidade e a paz. Maria, Mãe da Igreja, rogai por nós! Amém.

ORAÇÃO PELA NOSSA TERRA (PAPA FRANCISCO)

Deus onipotente, que estais presente em todo o universo e nas mais pequeninas de vossas criaturas, vós que envolveis com a vossa ternura tudo o que existe, derramai em nós a força de vosso amor, para cuidarmos da vida e da beleza. Inundai-nos de paz, para que vivamos como irmãos e irmãs sem prejudicar ninguém. Ó Deus dos pobres, ajudai-nos a resgatar os abandonados e esquecidos da terra, que valem tanto aos vossos olhos. Curai a nossa vida, para que protejamos o mundo e não o desprezemos, para que semeemos beleza e não poluição nem destruição. Tocai os corações daqueles que buscam apenas benefícios à custa dos pobres da terra. Ensinai-nos a descobrir o valor de cada coisa, a contemplar com encanto e a reconhecer que estamos profundamente unidos, com todas as vossas criaturas, em vossa luz infinita. Obrigado porque estais conosco todos os dias. Sustentai-nos, por favor, em nossa luta por justiça, amor e paz. Amém.

ORAÇÃO CRISTÃ COM A CRIAÇÃO (PAPA FRANCISCO)

Nós vos louvamos, Pai, com todas as vossas criaturas que saíram de vossa mão poderosa. São vossas e estão repletas da vossa presença e da vossa ternura. Louvado sejais, Filho de Deus, Jesus, que por vós foram criadas todas as coisas. Fostes formado no seio materno de Maria, fizestes-vos parte desta terra e contemplastes este mundo com olhos humanos. Hoje estais vivo em cada criatura com a vossa glória de ressuscitado. Louvado sejais, Espírito Santo, que, com a vossa luz, guiais este mundo para o amor do Pai e acompanhais o gemido da criação. Vós viveis também em nossos corações, a fim de nos impelir para o bem. Louvado sejais, Senhor Deus, Uno e Trino, comunidade estupenda de amor infinito; ensinai-nos a contemplar-vos na beleza do universo, onde tudo nos fala de vós. Dai-nos a graça de nos sentirmos intimamente unidos a tudo o que existe. Deus de amor, mostrai-nos o nosso lugar neste mundo, como instrumentos de vosso carinho por todos os seres desta terra, porque nenhum deles é esquecido por vós. Senhor, tomai-nos sob o vosso poder e a vossa luz, para proteger cada vida, para preparar um futuro melhor, para que venha a nós o vosso Reino de justiça, paz, amor e beleza. Louvado sejais! Amém.

ORAÇÃO PARA COMEÇAR BEM O DIA

Senhor, no silêncio deste dia que amanhece, venho pedir-te a paz, a sabedoria e a força. Quero olhar sempre o mundo com olhos cheios de amor: ser paciente, compreensivo, manso e prudente, ver além das aparências teus filhos, como tu mesmo os vês, e, assim, não ver senão o bem em cada um. Cerra meus ouvidos a toda calúnia; guarda minha língua de toda a maldade; que só de bênçãos se encha meu espírito. Que todos quantos se achegarem a mim sintam a tua presença, Senhor, e que, no decurso de meus dias, eu te revele a todos. Amém.

ORAÇÃO PELA COMUNIDADE

Senhor, peço-te pela nossa comunidade. Que as pessoas se conheçam melhor e, assim, haja mais amor. Que as pessoas cresçam na fé e, assim, haja mais confiança. Que não haja divisões e cresça a unidade. Que as pessoas se respeitem e, assim, haja mais compreensão. Que as pessoas se ajudem e, assim, Cristo seja servido. Que haja amor sincero e, assim, o Cristo esteja presente. Que no fim de todos os caminhos, além de todas as buscas, no final de cada encontro, nunca haja vencidos, mas sempre irmãos. E assim estaremos construindo, desde agora, o nosso céu. Amém.

Modos diversos de orar

A oração, como respiração da vida, sempre acompanhou o ser humano e os grupos de convivência. A Trindade sempre se comunicou e se comunica com o mundo criado no amor de infinitos modos. Por esse motivo, não há como menosprezar ou negar os incontáveis modos de oração que sempre animaram e animam indivíduos, grupos e a humanidade em suas mais diversas experiências e expressões religiosas da história. À iniciativa da comunicação do amor de Deus, são incontáveis os modos de o ser humano dialogar.

Um anônimo sábio antigo dizia: "O pássaro voa, o peixe nada e o homem reza". O significado do voar para o pássaro e do nadar para o peixe é semelhante à importância da oração para o ser humano. Sobre a etimologia da palavra "oração", *orare*, que remete à palavra "boca", em latim *ad os*, o Cardeal Gianfranco Ravasi diz: "não é somente para imaginar um beijo lançado à divindade, mas também para se referir a uma respiração, alusão recolhida pela tradição e confirmada no diário do grande filósofo Kierkegaard: 'Justamente, como os antigos diziam: *rezar é respirar*. Aqui se vê quão tolo é querer falar de um 'porquê': por que eu respiro? Porque senão morreria! Assim também com a oração". Martin Buber responde a um ateu, Ben-Gurion: "Se se tratasse de um Deus *sobre o qual falar*, talvez eu também não acreditasse. Mas, dado que se trata de um Deus *ao qual se pode falar*, por isso eu creio".

A oração é um componente da vida para a vida, não uma atividade lateral, uma imposição de normas, regulamentos e leis, mas uma decorrência da indispensável familiaridade com o Deus da vida. "Assim fez, para que procurassem a Deus e talvez, como que tateando, pudessem encontrá-lo, embora ele não esteja longe de cada um de nós" (At 17,27). Gerhard Lohfink, professor de Exegese na Universidade de Tubingen, há algum tempo escreveu um livro sobre teologia e prática da oração cristã, com o título: *Rezar nos dá uma casa*. Ele integra os modos diferentes de oração em uma reflexão teológica, valorizando a representação litúrgica, a prática religiosa e a simbologia espiritual.

Rezar nos dá uma casa! Não somos ilhas no abandono dos mares. Há uma casa onde temos um "Pai nosso"; há um ambiente criado no qual vivemos; temos irmãos com quem convivemos, temos uma identidade, com a marca da imagem e semelhança de Deus; temos liberdade e responsabilidade, e a graça de respirar a vida pela oração.

Ao aproximarem-se os vinte e cinco anos do século XXI, somos chamados pelo Papa Francisco a compor "uma grande sinfonia de oração". Em seu anúncio, ele acena para a riqueza da oração, em seus modos e motivações diversas, e para a abrangência de suas causas e efeitos. Os motivos e modos que Francisco salienta são estes:

- "*Oração*, em primeiro lugar, para recuperar o desejo de estar na presença do Senhor, escutá-lo e adorá-lo."
- "*Oração* para agradecer a Deus tantos dons do seu amor por nós e para louvar a sua obra na criação, que a todos compromete no respeito e em uma ação concreta e responsável em prol de sua salvaguarda."

- "*Oração*, ainda, como voz de 'um só coração e uma só alma'" (cf. At 4,32).
- "*Oração* que se traduz na solidariedade e na partilha do pão cotidiano."
- "*Oração*, além disso, que permita a cada homem e mulher deste mundo dirigir-se ao único Deus, para expressar tudo o que traz no segredo do coração."
- "*Oração* como via mestra para a santidade, que leva a viver a contemplação, inclusive no meio da ação."
- "*Oração* em que os corações se abram para receber a abundância da graça, fazendo do 'Pai-Nosso' – a oração que Jesus nos ensinou – o programa de vida de todos os seus discípulos."

Os modos diversos de oração e algumas orações oficiais, já consagradas na vida da Igreja e da humanidade, são sempre atuais e eficazes:

- *Oração pessoal*: nesta prática, acontece o encontro de duas liberdades: a do ser humano, que diz a Deus o que quer, quando quer e como quer, e a liberdade de Deus, que atende ao que convém a seus filhos amados. Aqui acontece o pedido, o agradecimento, o lamento, a indignação, e se manifestam os desejos mais sinceros e, às vezes, contraditórios. Nesta prática, geralmente, conta-se com a mediação dos santos, aos quais se fala, escrevem-se os recados mais diversos, ou se fazem ritos ou gestos espontâneos, ou decorrentes da cultura onde se vive.
- *Oração comunitária*: em mosteiros, fraternidades, catedrais, igrejas, pequenas comunidades e grupos variados,

pratica-se tanto a oração comunitária quanto a oração devocional (terço, vias-sacras, horas de adoração, vigílias etc.). Também se celebram práticas oficiais, como a Liturgia das Horas e as diversas celebrações dos sacramentos. Dentro dessa dimensão, acontece muito a "piedade popular" ou também "religiosidade popular".

Sobre esta realidade, o *Documento de Aparecida*, n. 37, diz: "Em nossa cultura latino-americana e caribenha, conhecemos o papel tão nobre e orientador que a religiosidade popular desempenha, especialmente a devoção mariana, que contribui para nos tornar mais conscientes de nossa comum condição de filhos de Deus e de nossa comum dignidade perante seus olhos, não obstante as diferenças sociais, étnicas ou de qualquer outro tipo". São Paulo VI dizia que "a piedade popular manifesta uma sede de Deus, que só os simples e pobres podem conhecer".

- *Oração eclesial*: a oração pessoal é necessária como respiração da vida, como expressão de fé, abertura para a esperança, escola de sentido da vida e motivação de amor. A oração comunitária é também uma comunhão contagiante de encontro com Deus em nossa comum condição de filhos. A oração eclesial é a expressão da unidade, na diversidade fecunda e fiel. Esta prática nos identifica no mundo.

São João Crisóstomo, no ano 407, dizia sabiamente: "Se é verdade que tu podes rezar em casa, não te será, todavia, possível *rezar do mesmo modo* como se reza na assembleia". A liturgia é uma escola de oração. Por meio da liturgia, Deus educa o seu povo para a oração. O *Catecismo da Igreja Católica*, n. 1091, diz: "Na liturgia, o Espírito Santo é o pedagogo da fé do povo de Deus, o artífice daquelas 'obras-primas de Deus', que são os sacramentos da nova aliança".

A oração eclesial, que em nosso caso nos identifica com os cristãos-católicos, tem ritos, símbolos e palavras que garantem, preservam e cultivam a unidade, com a ajuda da oficialidade. Aqui nos referimos à Liturgia das Horas e à liturgia dos sacramentos, às quais a Igreja, como Mãe amorosa, dedica cuidado para que o irrenunciável benefício da "participação ativa, consciente e frutuosa" seja vivido no constante equilíbrio entre participação comunitária e interiorização pessoal da liturgia.

Suportes e métodos de oração

A oração cristã não se sustenta no "espontaneísmo" nem se aperfeiçoa no improviso, sem exercícios, sem suportes, ou até mesmo sem método. Somos humanos necessitados de tudo. A oração, como respiração da vida, é um dom que vem da fé, mas é também uma responsabilidade a ser assumida e exercitada para seu aprimoramento e eficácia. Por sermos humanos diferentes, não é de estranhar que haja temperamentos e situações mais favoráveis, ou menos favoráveis, à prática da oração, especialmente a meditação. A grande mística Santa Teresa D'Ávila dizia: "Durante dezoito anos, jamais ousei colocar-me em oração sem ter um livro, a não ser depois da comunhão. [...] Era um escudo que me protegia das distrações. O livro, para mim, era como a isca que sustentava a minha alma. [...] em certos casos eu lia muito, em outros casos eu lia pouco, de acordo com a graça que o Senhor me concedia".

Quanto aos diversos métodos de oração, ou meditação, sempre é bom lembrar que são meios. Por serem meios, não podem sufocar a espontaneidade do orante e, menos ainda, ser um entrave à ação do Espírito Santo. Caso alguém não seja atraído por nenhum método, nem por isso deve deixar de praticar a oração mental, encontrando um jeito ou uma ajuda em suportes favoráveis. O que não pode acontecer é o abandono pessoal, comunitário e, menos ainda, eclesial da vida de oração. Sem detalharmos e explicarmos a prática dos métodos, lembramos alguns mais conhecidos na história da Igreja, que continuam atuais:

- *Lectio divina (Leitura orante da Bíblia)*: destacamos este método antigo e sempre atual, que começou em 1150 com o monge Guigo. É um encontro de amor que se faz oração, com a ajuda da Palavra de Deus. Em *A Bíblia*, de Paulinas Editora, nas páginas 1978 a 1982, há um precioso roteiro explicativo que pode ajudar tanto na leitura orante pessoal como na leitura orante em grupos.
- Método de Santo Inácio de Loyola.
- Método de São Sulpício.
- Método de São Francisco de Sales.
- Método de Santo Afonso de Ligório.
- Método carmelita.
- Método capuchinho – Oração mental.

O que nos surpreende, em todos os métodos, é a incidência dos três momentos indicados como um caminho pedagógico favorável:

a) *Introdução*: preparação, quando o orante se coloca na presença de Deus em adoração, reconhecendo a grandeza de seu amor e a pequenez humana.

b) *Corpo da meditação*: aqui se põe em ação a memória, a inteligência e a vontade diante da presença e da verdade de Deus, para uma relação de amor, diálogo e gratidão.

c) *Conclusão*: este é o momento dos pedidos para si e para o próximo, e também de gratidão pelas luzes recebidas e para assumir compromissos de vida ou resoluções.

Conclusão
Peregrinos na esperança

Não há como peregrinar na esperança sem o recurso da oração, pois esta é a respiração da vida. Ninguém ignora o recente sufoco que a pandemia causou no mundo, período em que tocamos de perto o drama da morte, da solidão, do vazio, da incerteza e do caráter provisório da existência. Além desse sufoco que despertou em nós a dúvida, o medo e a perplexidade, outras realidades sufocantes, como as guerras e as intempéries do tempo, parecem continuar roubando as esperanças de um futuro melhor.

Bento XVI, em diversos momentos, nos estimulou a cultivar a oração como *escola de esperança*. Dizia: "Quando já ninguém me escuta, tenha esperança de que Deus ainda me ouve. Quando já não posso falar com ninguém nem invocar mais ninguém, a Deus sempre posso falar. Se não há mais ninguém que me possa ajudar 'por tratar-se de uma necessidade ou de uma expectativa que supera a capacidade humana de esperar', ele pode ajudar-me. Se me encontro confinado em uma extrema solidão, o orante jamais está totalmente só".

Nesse peregrinar da esperança, temos muitos espaços escuros a atravessar. A oração nos faz respirar e avançar com coragem. São João da Cruz falava com experiência de vida ao dizer: "Quanto mais a alma vai às escuras, e vazia de suas operações, tanto mais segura vai".

Como peregrinos na esperança, defrontamo-nos com os tempos novos como tempos em que devemos viver inevitavelmente. Nestes tempos novos, comprovam-se avanços científicos inimagináveis e progressos técnicos surpreendentes, porém, marcados por fins equivocados.

Tantas vezes temos a impressão de que estamos vivendo a "hora e a autoridade das trevas" (Lc 22,53). Por outro lado, são tempos de interioridade contemplativa, de fome e sede de justiça, de inconformidade e clamor pela paz, de uma consciência maior dos direitos humanos. Então podemos concluir: "Eis agora o tempo oportuno! Eis agora o dia da salvação!" (2Cor 6,2).

Anexo
Partituras das três parábolas de Lucas sobre a oração

A oração confiante dos discípulos

Texto de inspiração: Lc 11, 1 - 13 - 17º Domingo do Tempo Comum - Ano C

Letra e Música: Frei Luiz Turra

ORAÇÃO: RESPIRAÇÃO DA VIDA

A oração, clamor de nossa pobreza

Texto de inspiração: Lc 18, 1 - 8 - 29º Domingo do Tempo Comum - Ano C

Letra e Música: Frei Luiz Turra

Refr.: Deus fará justiça a seus eleitos que clamam dia e noite sem cessar. Sua justiça tarda, mas não falha. Deus é Pai, Deus é amor a escutar.

1. Pai dos órfãos, das viúvas e dos pobres, todos filhos bem amados, todos nobres. Tantos gritos insistentes e clamores, Deus atende, dando alívio em suas dores.

2. Deus atento aos sofrimentos deste mundo, sintoniza no mais íntimo e profundo. Faz justiça a seus filhos oprimidos, não se vinga, mas atende os perseguidos.

3. Da viúva é notável a insistência. Chega a hora de atender e ter clemência. Com coragem o juiz foi enfrentando e assim os seus direitos conquistando.

4. Quando é justo e sincero o que pedimos, na esperança confiante insistimos. E o clamor que vem da fé e da pobreza, vai a Deus que nos escuta, com certeza.

ORAÇÃO: RESPIRAÇÃO DA VIDA

O fariseu e o publicano

Texto de inspiração: Lc 18, 9 - 14 - 30º Domingo do Tempo Comum - Ano C

Letra e Música: Frei Luiz Turra

1. Dois ho - mens fo - ram pa - ra_o - rar no tem - plo dian - te do Se - nhor. Um de - les e - ra Fa - ri - seu, e foi ao tem - plo se_e - lo - giar.
2. O pu - bli - ca - no se pros - trou. Hu - mil - de, viu - se pe - ca - dor. E seu pe - ca - do con - fes - sou, mos - tran - do_a Deus a su - a dor.
3. Quem foi a Deus se van - glo - riar e seu vi - ver fal - si - fi - car, vol - tou_em sua ca - sa bem pi - or; mais in - fe - liz e sem a - mor.
4. O pu - bli - ca - no foi ve - raz; pe - diu per - dão; re - co - nhe - ceu! Vol - tou_em sua ca - sa ten - do paz foi a - pro - va - do por seu Deus.

Refr.: Quem se_e - xal - ta se - rá_hu - mi - lha - do, quem se_hu - mi - lha se - rá_e - xal - ta - do! Quem se_e - ta - do!

Rua Dona Inácia Uchoa, 62
04110-020 – São Paulo – SP (Brasil)
Tel.: (11) 2125-3500
paulinas.com.br – editora@paulinas.com.br
Telemarketing e SAC: 0800-7010081